ZHIHUI
DEYU LUN

智慧
德育论

王晶梅 著

知识产权出版社
全国百佳图书出版单位
—北京—

图书在版编目（CIP）数据

智慧德育论 / 王晶梅著 . —北京：知识产权出版社，2020.10
ISBN 978-7-5130-7197-0

Ⅰ.①智…　Ⅱ.①王…　Ⅲ.①德育—研究　Ⅳ.① G41

中国版本图书馆 CIP 数据核字（2020）第 182451 号

内容提要

德育是人类社会永恒的话题，德育研究应坚持问题导向，回应时代要求。本书认为，德育疏离德性发展和个体需要是影响其实施效果的重要根源，实现德育的"转识成智"是新时代德育发展的重要走向。本书立足德育基础理论研究，提出和倡导"智慧德育"理念并进行理论建构，探讨了智慧德育的提出、基本含义和主要特征，构建了智慧德育的基本理论，分析了智慧德育的当代价值并提出了智慧德育的实施路径。智慧德育有助于德育更好地服务于个体发展和社会进步，并赢得受教育者的积极认同，为推动新时代德育改革创新提供了重要启示和有益借鉴。

责任编辑：李海波　　　责任印制：孙婷婷

智慧德育论
王晶梅　著

出版发行：知识产权出版社 有限责任公司	网　　址：http://www.ipph.cn
电　　话：010 — 82004826	http://www.laichushu.com
社　　址：北京市海淀区气象路50 号院	邮　　编：100081
责编电话：010 — 82000860 转 8582	责编邮箱：lihaibo@cnipr.com
发行电话：010 — 82000860 转 8101	发行传真：010 — 82000893
印　　刷：北京九州迅驰传媒文化有限公司	经　　销：各大网上书店、新华书店及相关专业书店
开　　本：720mm×1000mm　1/16	印　　张：12.25
版　　次：2020 年 10 月第 1 版	印　　次：2020 年 10 月第 1 次印刷
字　　数：192 千字	定　　价：68.00 元

ISBN 978-7-5130-7197-0

国无德不兴，人无德不立。在人类对于立德树人的长久追寻中，德育成为历久弥新的话题，闪烁着永恒的光辉。当前，中国特色社会主义进入新时代，实现中华民族伟大复兴成为全体中国人的共同追求。时代呼唤着大批能够担当民族复兴大任的时代新人脱颖而出。然而，值得关注的是，处于社会转型期的当代中国社会，道德失范、诚信缺失等不良状况时有出现。这从一个侧面表明，德育作为培养人的思想品德的重要实践活动，其效果亟待提升。2018 年 5 月 2 日，习近平总书记在北京大学师生座谈会上强调："'才者，德之资也；德者，才之帅也。'人才培养一定是育人和育才相统一的过程，而育人是本。人无德不立，育人的根本在于立德。这是人才培养的辩证法。"在这一背景下，德育工作必须紧跟时代的步伐，不断推进理论创新和实践创新，以一系列新理念、新思想、新实践、新探索助力新时代人才培养和民族复兴伟业的顺利完成。

自 1997 年进入思想政治教育专业学习和研究以来，笔者对德育现状、问题及其根源有着长久的思考，德育理想与现实之间的反差常常令笔者困惑不解。在长期的思考过程中，笔者作出一个基本判断——德育疏离德性发展和个体需要是影响其效果的重要根源。这也构成了本书理论构架的重要基石。本书提出智慧德育论，试图以智慧为指向进行德育理论建构，这将为德育发展敞现一种新的可能性。

本书主要采用文献分析法、以实践为基础的研究方法、系统分析法和行动研究法对智慧德育进行了从理论到实践、从原则到方法等的全面分析和理论构建。

本书共包括七章。

第一章是绪论。主要介绍选题背景与研究意义、国内外研究现状、研究思路和研究方法。

第二章是智慧德育的提出。本书认为，智慧德育的提出，一方面是对当今时代发展要求的回应，能够适应价值多元社会、信息网络时代和市场经济发展对道德智慧的迫切需要；另一方面是对现实德育深刻反思的结果，能够更好地克服传统德育的偏颇。智慧德育以马克思主义为重要理论基础，同时有古今中外一系列重要思想资源做滋养。

第三章是智慧德育的含义及特征。智慧德育具有特定的基本内涵。所谓智慧德育，是以提升受教育者的道德智慧为基本价值诉求，教育者深谙德育规律、灵活驾驭德育过程，与受教育者共同实现智慧生存的一种德育艺术境界。智慧德育的基本特征表现为富有张力的德育目的、观照智慧的德育内容、活泼灵动的德育过程和师生同益的德育效果。它与知性德育、物化德育等非人本德育具有重要区别，同时也区别于生活德育、情感德育等人本德育，彰显了德育的超越性维度，更加契合人类道德价值追求的特点，具有较好的涵容性，能够更好地揭示德育的本体价值。

第四章是智慧德育的理论建构。本书从智慧德育的目标、主体、内容和方法四方面入手进行智慧德育的理论建构。智慧德育的总目标是提高德育实效性，培养具有道德智慧的国家公民，实现个体的智慧生存。智慧德育对教师素质提出了更高的要求，呼唤着具有崇高的师德修养、广博的专业知识、精湛的教育艺术和深入的反思能力的智慧型德育教师。智慧德育的内容主要包括人生智慧教育、人际智慧教育、群己智慧教育、生态智慧教育四方面内容。智慧德育在实施方法上，倡导依托情境、注重体验、反观内省和以美育德等重要方法。

第五章是智慧德育的当代价值。智慧德育具有重要的当代价值。在德育发展层面，智慧德育有利于突破当下德育的发展瓶颈，引领未来德育的发展走向，从而推动德育改革创新；在社会建设层面，智慧德育有助于培育社会协调发展的思维方式，营造社会包容开放的精神氛围，推动社会主义和谐社会建设；在个人发展层面，智慧德育有助于提升人才的道德素质和促进师生的生命舒展，从而更好地促进人的全面发展。

第六章是智慧德育的实践路径。智慧德育重在践行。本书从理念、原则和具体路径三方面提出智慧德育的实施路径。智慧德育在基本理念上，以提升个体道德智慧为主题，以自由、和谐、圆满为境界追求，是一种基于历史与现实而指向未来的前瞻式德育模式。实施智慧德育应遵循如下指导原则，即共性与个性辩证统一的原则、现实性与超越性结合的原则、知情意行统筹的整体化原则和预设与动态生成并重的原则。智慧德育具体实施路径上，需要从整合智慧德育资源、优化智慧德育过程、营造智慧德育环境、创新智慧德育管理、完善智慧德育评价等方面加以践行。

第七章是结论与展望。本书认为，智慧德育应当成为今后我国德育发展的重要方向，智慧德育所蕴含的超越性彰显了智慧德育的优长，智慧德育理论贵在构建、重在实践，其在当代具有重要的发展价值。本书对智慧德育的探讨具有一定的创新性。今后应从思想借鉴、理念阐释、理论建构等方面进一步加强智慧德育理论研究。

总之，德育作为对于人的研究领域，具有高度的复杂性。本书以探寻当代德育发展出路作为自己的努力方向，试图以智慧德育在一定程度上弥补当今德育发展的缺憾，盼望能够对新时代德育研究与德育实践产生一定的积极作用，也愿以此书就教于各位关心关注德育发展的广大同人。

王晶梅

2020 年 2 月 5 日

Contents 目录

第一章 绪 论

第一节 选题背景与研究意义

一、选题背景

按照目前理论界的主流观点，德育有"大德育"（包括思想教育、政治教育、道德教育、心理教育等）与"小德育"（道德教育）之分。本书中的德育偏重于采用"小德育"范畴，是"道德教育"的简称，但由于在我国德育实践中，从学校德育的课程设置方面来看，广泛采用的是"大德育"范畴，因此，也不排除思想政治教育。本书认为，随着社会的不断发展，道德教育在"大德育"中的分量将越来越重。本书立足于德育的基础理论探讨，提出"智慧德育"这一新的德育理念，并对智慧德育进行从理论到实践、从原则到方法的全面分析，力图为新时期的德育转型提供理论借鉴。

1.社会转型期道德失范的现实构成当前德育研究的一个基本背景

"社会转型是指社会从传统型向现代型的变迁，或者说由农业的、乡村的、封闭半封闭的传统社会向工业的、城镇的、开放的现代社会变迁的过程。"❶ 党的十一届三中全会以来，我国开启了改革开放的历史进程，社会结构和运行机制加速转型，市场经济的大幕逐渐拉开，并向纵深推进。在人民生活水平迅速提升的同时，我们发现，社会道德状况却令人深感忧虑。在社会生活的各个领域，已出现了不同程度的道德失范现象。政治上，存在权力寻租、腐化堕落、贪赃枉法等官德失范现象；经济生活中，不乏唯利是图、假冒伪劣、信用缺失现象，经济主体耻感文化缺失；思想上，理想信念淡化，信仰缺失，一些消极道德观和价值观在社会成员身上时有显现。在现阶段，无论是落实习近平新时代中国特色社会主义思想，还是实现中华民族伟大复兴的中国梦，扭转社会道德失范现状、培育社会成员的优良品德都是其内在要求。在此背景下，德育必须有所作为。

2. 德育的生存困境呼唤着德育理论的发展和创新

德育作为培养人的思想品德的人类实践活动，其产生源远流长。在人类社会长期发展的历史过程中，德育长久地存在着被意识形态化的现象，甚至成为阶级斗争的工具。就我国来说，在中华人民共和国成立以后的一段时间内，由于受到"左"的错误思想影响，存在着将德育教条化、工具化的不良倾向，这种影响至今仍未彻底清除。在社会生活中，不少人对德育存在着根深蒂固的误解和偏见，把德育理解为单纯的国家意识形态工具，认为德育就是对人的规训，让人去接受规则、服从规则。他们漠视德育的价值，将德育视为可有可无的工作，甚至在一些先入为主的偏见影响下对德育存在逆反心理，将德育归结为对主流意识形态的阐释、灌输和说教。在各级各类学校教育中，德育同样难以得到应有的重视，学校教学管理部门往往以功利和实用的态度看待德育。笔者了解到某小学，孩子一年级刚入学，在拿到新课本后，班主任就一本正经地教孩子将各门课程进行分类，分为"大官"课和"小兵"课。"品德与生活"课自然就被划进了这位教师眼中无足轻重的"小兵"课。在这样具有课程偏见的教育引导下，学生心理上对德育的疏远是可

---

❶ 张警. 社会转型期道德失范和重建探析［J］. 改革与开放，2011（10）：62.

想而知的。德育在某种程度上处于教育者自说自话的尴尬境地。德育的生存困境呼唤着德育理论的发展和创新。

3. 德育疏离德性发展和个体需要是影响其实效性的重要根源

要使德育获得公众的认可进而增强其实效性，必须搞清楚导致德育乏力的根本原因。本书认为，德育疏离人的德性发展需要是其效果不佳的重要根源。这集中体现为我国德育长期存在着政治化、知性德育、规则本位德育等不良状况。第一，我国德育长期存在着政治化现象。中华人民共和国成立以来，不断的政治运动把德育推上政治舞台，德育从属政治需要。时至今日，这种情况并未完全改变。德育的政治化极大地销蚀着德育原本的独立价值和品格，忽略了德育使人成为真正的人的道德价值，直接影响到德育的发展。第二，我国德育存在着知性德育的偏失。学校中的学科式德育过分强调对道德知识的掌握，试图以道德知识传递使受教育者由自然人转化为符合社会需要的道德人。然而，借助于特定教育手段使受教育者接受固定的道德知识，未必能充分提升受教育者的道德品行，一系列知行不一的案例昭示着该种德育范式在教育实践中的挫折。第三，我国德育存在着规则本位的现实困境。德育关注外在行为，强调使受教育者接受和认同社会道德规则，从而发挥道德对人的行为的外在规约和限制作用。德育存在的上述状况表明，现实中的德育在某种程度上已成为一种由外而内向受教育者施加意识形态教育影响的过程，体现为一种道德控制，成为一种精神枷锁般的凌驾于个体之上的外在统治力量。现实德育忽略了个体的道德成长需要，必然招致受教育者的反感，从而影响其接受效果。

4. 以智慧为指向进行德育理论建构，将为德育发展敞现一种新的可能性

智慧德育倡导一种新的德育理念，要求以德育工作者的实践智慧为前提，以智慧性的德育过程为依托，以提升受教育者的道德智慧为旨归，使德育回应个体成长需要，观照人的生存境况和德性发展，促进人的意义和精神世界的建构。智慧德育将德育直接界定为"道德教育"，试图摒弃近百年来用政治代替道德的政治化德育倾向，使德育实现向道德教育的真正回归；智

慧德育对"智慧"的倡导将成为纠偏知性德育的有力武器；智慧德育要求德育涵容智慧，回应了德育人文缺失的现实状况，力图使德育成为塑造个人品质、协调人际关系、增进群体和谐、观照自然生态的智慧之学，使受教育者能够以一种自信和豁达的心态去俯视人生，从中得到审美的愉悦。总之，以智慧为指向，挖掘德育的价值功能，将为德育发展敞现一种新的可能性。

二、研究意义

1. 有助于深化德育基础理论研究，挖掘德育的应然价值，为改进德育奠定理论基础

基础理论是学科和学术发展的基本前提，随着时间的推移，基础理论研究的价值日益凸显。多年以来，我国德育特别是学校德育经历了多轮改革的尝试，多种德育模式、方法、技术、手段不断被采用，以往德育方法单一、技术落后的问题已得到改善，但未能根本改变德育低效的现实。这也昭示着德育需要从理论高度特别是从基础理论研究入手，寻求破解德育实效性不足的良方。本书拟从德育基础理论研究入手，寻求一种新的德育理念和德育范式，以重新唤醒德育的生命力。笔者认为，德育的功能在本质上是属人的功能。人的德性需要是德育功能的深层根据。德育的核心问题是讨论人性向善并引领社会向善的问题。而社会向善与人性向善这两个目标是辩证统一的。个体的人性、生命性与社会的整体风貌紧密关联。因此，在德育的社会取向和个体取向的关系上，应当将二者有机地整合起来，在个体生命的舒展与社会生活的和谐有序之间架设沟通的桥梁，使二者在动态中达到平衡。基于传统德育疏离个体需要的这一背景，为达成德育目标，必须强化德育的个体取向，通过引导受教育者提升自身的精神境界，将"崇善"作为人生的价值追求，展现人性的美好品质来推动整个社会的道德实现。本书提出了智慧德育这一新理念和新范式，旨在通过构建一种关注个体道德智慧生成的德育范式，激发个体的德育需求，以改变德育实效性低迷的现实状况，提升育人质量，使德育焕发出应有的生机，重拾德育的本真意蕴。

2. 有助于更好地满足社会稳态运行时期社会成员对德育的功能期待

德育是一种改造人的主观世界的行为实践活动。它通过自身的人类精神财富生产、积累、沿革和传导的功能，培养人的思想品德，完善人的主体人格。自进入文明时代以来，阶级矛盾和政治国家逐渐产生，社会与国家的分离、统治者与民众的分野，使得德育功能披染上鲜明的意识形态色彩。统治阶级往往将德育看作服务于本阶级统治的政治工具，给德育注入极强的政治和阶级目的。[1] 也正因如此，在社会稳态运行时期，逐渐产生了人们对德育的逆反，乃至于在非政治领域，道德失范现象频发，极大地影响到和谐社会秩序的建设。事实表明，社会中人与人之间的关系不可能全部政治化、阶级化。德育的非政治性和非意识形态功能不应受到忽视。特别是中国特色社会主义进入新时代的历史条件下，旧社会的剥削阶级早已不复存在，自由、平等、公正、法治等核心价值观备受推崇，社会已经进入常规性稳态运行时期，大量的社会关系已具有非阶级的性质，所以在通常情况下德育的非阶级性功能理应得到凸显。实际上，每个人的内心往往都渴望着美好的精神生活和高尚的道德生活，渴望着身心和谐、人际和谐和社会和谐，而这些渴望有赖于德育功能的充分发挥。本书中智慧德育这一理念和范式的提出，试图在社会成员的人生历程中，奠定其理想追求的深层根基，确定其行为规范的价值准则，激活其德性修养的自我需要，塑造其健全人格的自我意识，造就其全面发展的自觉导向，实现个体的智慧生存。这有助于更好地满足社会稳态运行时期社会成员对德育的功能期待。

3. 有助于以智慧为支点重塑德育及德育工作者的良好形象

自古以来，德育工作者往往被认为是统治阶级的代言人和社会行为的裁判者，他们用善和恶这两把尺子去衡量人们的一切行为，使人们由此产生叛逆心理和伪善行为。中华人民共和国成立以来，我国德育对于培育"四有"公民起到了一定的积极作用，但也长期存在着一定的问题。政治化的德育现

---

[1] 张澍军. 试论德育功能的意识形态性和非意识形态性［J］. 长白学刊, 2005（1）: 60.

实使德育疏离于个体的生活世界，远离个体的内在需要，从而成为外在于人的教育，使得个体缺乏内在的学习动力。在学校德育工作中，以书本为中心，以课堂为中心，进行道德知识传授的理论专修式德育，出现了诸多德育课程成绩优异而实际德行低劣的知行分离现象。在此种情况下，德育工作者在很大程度上沦为政治信念的推行者，背负着沉重的社会使命前行，普遍存在着事业成就感不足的状况。部分德育工作者产生了明显的职业倦怠感，身心健康面临严峻挑战，甚至产生受挫的心理阴影，德育职业发展表现出缓慢而沉重的特征。实际上，德育原本是人的需要。在新的历史条件下，凸显德育启迪智慧的本体价值，使德育回归智慧品性，挖掘德育为人的价值，有助于重塑德育及德育工作者的良好形象，实现德育的更好生存。

第二节　国内外相关研究综述

　　智慧德育是一个比较新的概念和新的德育理念。目前，对国内外文献进行检索的结果表明，直接以"智慧德育"为题的文献很少。利用中国知网数据库进行文献检索，到 2020 年 2 月，共得到 16 篇文献，但其中多篇文献中"智慧德育"指的是将互联网等信息技术运用于德育的概念，如刘锦鑫将其所探讨的智慧德育概括为"'互联网思维'和'高校思政'二者之间辩证结合的概念"❶，这与本书所指的"智慧德育"并无关联。河北师范大学的姜浩博士以《智慧德育研究》❷为题，从概念、理论、现实、价值和实践等层面对智慧德育进行了颇有价值的理论研究，但与本书不同的是，其理论建构的立足点是关于中小学德育的研究，本书则观照整体学校德育，试图寻求囊括大中小学德育发展的"最大公约数"。俞世艳以《智慧德育：有效德育的追求》一

---

❶ 刘锦鑫. 智慧德育：互联网思维下高校思政工作的转型与发展 [J]. 学校党建与思想教育，2016（21）：85-88.

❷ 姜浩. 智慧德育研究 [D]. 石家庄：河北师范大学，2018.

文呼吁德育理念的转变，但同样是针对中小学教育而言的。❶ 这说明，智慧德育研究刚刚起步。但智慧德育的提出并非无源之水和无本之木。第一，智慧德育的提出源自对当代德育价值取向转型的理论关切，现有关于德育价值取向的研究成果给了本研究重要的思想启发。第二，古今中外有关智慧的理论论说为本研究提出"智慧德育"概念并以"智慧"为支点转换德育理念提供了理论滋养。第三，德育从属于教育，而在教育学理论研究中，教育智慧研究早已兴起，这从教育学层面为智慧德育研究提供了重要的理论借鉴。第四，在道德哲学研究方面，道德智慧也成为一个重要的研究视角，这为智慧德育研究奠定了重要基础。以下主要从这四个方面对智慧德育相关研究成果进行综述。

一、关于德育价值取向的研究成果

德育价值取向是德育研究的重要问题。因为德育方法的调整、手段的转换、内容的增补皆以德育价值取向为其核心和中轴。从我国德育的发展历程来看，在我国近代百年的发展历程中，存在着以政治代替道德的状况，导致德育呈现出严重的政治化倾向；随着近代科学技术的长足进步，唯科学主义、科技至上的思想根深蒂固，人文教育的价值长期受到忽视，工具理性盛行，物质利益和经济利益几乎成为评估一切的标准。德育的价值遭到前所未有的漠视。在中华人民共和国成立之后的日子中，德育的价值曾一度遭受到政治化、教条化、虚无化等多重影响，价值发挥受到极大的限制。现实地说，德育价值取向研究论域的设定即为当前德育实效性不佳问题的深层回应。

在德育相关理论研究中，德育方法、德育过程等研究成果比较丰富，相对来说，德育价值取向研究在较长时期内没有得到人们的足够重视，现有的德育哲学、德育原理等著作多对此浅尝辄止，甚至无所涉及。近年来，伴随着德育创新的发展，我国德育价值取向问题逐渐为更多的学者所关注，但专门研究成果还不够丰富。这方面研究主要散见于德育哲学相关研究著作中，

---

❶ 俞世艳. 智慧德育：有效德育的追求 [J]. 教学与管理，2010（10）：38-40.

或是在学术论文中有所涉及。如张澍军在其专著《德育哲学引论》中安排了"德育价值论：德育目标和功能的哲学研究"一卷内容❶，对德育价值与德育目标、德育价值与德育功能进行了考察和分析，但此分析更侧重对其之间关系的界定，对德育价值本身的探究尚不够深入。

李伟言对德育价值取向转型进行了有益的研究，认为当代德育价值取向的特征是精英化即道德理想主义，这一精英化的特征主要体现在层级化的德育目标、超然性的德育内容、高大纯粹的道德榜样、德育实践活动运动化及德育管理专门化；在此基础上，提出了德育价值取向的平民化目标。"所谓'平民化'的德育价值取向，就是将德育目的指向现实生活世界而非宏大历史目标中的完美的道德秩序，以平凡人的生活幸福为出发点和归宿，以常德的培养为本位，将'圣德'安置于个体信仰领域，诉诸个体自由意志，避免某种终极性神圣价值的传授。"❷笔者认为，德育价值取向的平民化，改用另一种表述，就是坚持以人为本，满足人的德性需求。但人作为一种独特的精神生命体，从未固守于某一固定的价值追求，始终有一种超越性的想望。因此，德育价值取向如果仅仅定位为"常德"的平民化仍未免失于偏颇。

范树成探讨了当代学校德育范式转换问题，这里所讲的范式，既涵盖德育理念、价值取向等方面，也包括德育方法方面的问题。其著作《当代学校德育范式转换与走向研究》提出了十一个由旧的德育范式向新的德育范式的"转换"问题。❸其中所提出的由重成圣到重成人、由重知识到重生活、由重他律到重自律、由非人本到人本化等方面的转换对本书写作有重要启发。

在德育价值取向的探索过程中，关注生命、走向生活是一个重要的研究倾向。如薛晓阳提出了"希望德育论"❹，认为道德教化的中心是灵魂的生活，其全部意义就在于使人学会过一种真正意义的精神生活，它是一种希望的期待，主张以一种浪漫主义的价值观洞察人类的道德世界。这一倡导令人耳目

---

❶ 张澍军. 德育哲学引论［M］. 北京：中国社会科学出版社，2008.
❷ 李伟言. 重塑我们的道德生活——当代德育价值取向转型的理论研究［M］. 北京：北京师范大学出版社，2012：110.
❸ 范树成. 当代学校德育范式转换与走向研究［M］. 北京：人民出版社，2011.
❹ 薛晓阳. 希望德育论［M］. 北京：人民教育出版社，2003.

一新。此外，还有高德胜的"生活德育论"❶、朱小蔓的"情感德育论"❷，等等。这些研究成果对于抵制德育的政治化倾向具有突出意义，为德育的实践创新提供了新的思路。黑晓佛著有《回归生命 走向生活——当代道德教育的精神品格与价值自觉》❸一书，更是呼吁重返道德教育的原点，去解析道德教育的现代性困境，揭示当代道德价值危机的根源，最后发出了回归生命与走向生活的德育价值取向，该著作对道德困境的剖析入木三分，对本书写作很有启发。但是总体来说，着眼于德育总体发展，似缺乏一种更具涵融性的理念作为德育价值引领的依托。

二、有关智慧的论说

德育关涉智慧，理应以教育者的实践智慧启发和增进学生的道德智慧，并以之为基本的价值追求。

智慧是一个古老的概念。关于智慧，可谓见仁见智。目前下述两种看法比较典型：一是认为智慧是指对事物能认识、辨析、处理和创造的能力，是一种在实践中遵循事物规律，实现行为目的的卓越能力；二是认为智慧是个体生命活力的象征，是"个体在一定的社会文化心理背景下，在知识、经验习得的基础上，在知性、理性、情感、实践等多个层面上生发，在教育过程和人生历练中形成的应对社会、自然和人生的一种综合能力"❹。

智慧的内涵在不同民族和国家具有差异，同时随时代而不断发展。

中国传统哲学视野中具有关于智慧的丰富论说。我国传统哲学认为，"哲"就是智慧。中国传统哲学包含着丰富的智慧学说，如孔子的智慧论、道家的境界论、朱熹的玄学、王阳明的知行合一，等等。❺中国传统文化强

---

❶ 高德胜. 生活德育论 [M]. 北京：人民出版社，2005.

❷ 朱小蔓. 情感德育论 [M]. 北京：人民教育出版社，2005.

❸ 黑晓佛. 回归生命 走向生活——当代道德教育的精神品格与价值自觉 [M]. 北京：人民出版社，2012.

❹ 刘吉林. 试析教育智慧的生成特性及生成的内在条件 [J]. 课程·教材·教法，2009（9）：31.

❺ 陈飞虎. 大学教育智慧 [D]. 长沙：湖南师范大学，2011：12.

调智慧与生命历程的关系，一个典型的观点认为，智慧是生命意识的觉解状态。一个热爱生活的人，一定会追求智慧。有学者认为，由老子第一个提出来的重要概念即"道"，是中国古代智慧的核心范畴。"核心"之为核心，正缘于有"外围"的存在。围绕"道"这一核心范畴，在中国古代，形成了中国人独特的内在精神结构，其中所蕴含的通内外、和阴阳、合天人的和合思维具有积极的一面。然而，儒家主流文化过分强调价值智慧，轻视认知智慧。这无疑使中国传统智慧留下缺憾。人类智慧结构原本是一个高度复杂的统一体。人们对真、善、美的价值追求，由来已久，也必将永无止境。

在中国现代视野中，对智慧的理解往往是玄化与实用化的。第一，将智慧与对宇宙和生命的认识相联系。从本质上讲，这是一种抽象而绝对的宗教和神学智慧，而我们所指的智慧则是现实的、可期待的，因此也可以加以追求和发展。第二，把智慧实用化。认为"智慧"主要是指个体运用知识、经验和技能等解决现实难题的能力。这实际上是一种具体而实用的"科学式"智慧。但我们所追求的智慧则是真实的人性的表达，是现实的，同时又具有理想性。智慧是一个由多种要素组成的复杂系统。智慧不仅由智力构成，还包括知识、方法、技能、意志、情感、个体意识倾向、气质等因素。智力是智慧的核心，但非智力因素不仅仅与智力有关。如果一个人的智慧中缺乏兴趣、意志、情感、个性意识倾向、气质、美感等要素，他的智慧就会黯然失色。

西方对智慧的研究同样源远流长。在英语中，表达智慧有两个词：一个是 wisdom，另一个是 intelligence。前者包含学识、明智的行为的意思，后者具有智力、智能和聪明之意。古希腊哲学家毕达哥拉斯，倡导以智慧为生命追求的对象，以"爱智慧"为其所开创的毕达哥拉斯学院的宗旨。在古典时期，人们普遍认为德性和智慧是密不可分的。亚里士多德在这方面的相关研究是最典型的。亚里士多德认为，"智慧并不是来源于个别认识，而是产生于普遍认识"[1]。亚里士多德在《形而上学》第六卷中，将人类活动区分为理

---

[1] 亚里士多德. 灵魂论及其他 [M]. 北京：商务印书馆，1999：17.

论、实践与创制❶，与此相对应，将人的德性也分为三个方面：一是包括知识、直觉理性及二者的统一"智慧"（现通常称为形上智慧）；二是实践智慧；三是技艺。亚里士多德所谓的智慧包括形上智慧和实践智慧，他更为强调实践智慧。亚里士多德所强调的"实践"比我们通常所讲的实践含义要窄得多，主要是指人的道德行为。与理论领域的形上智慧相比，亚里士多德的"实践智慧"主要指伦理和政治行为，其实质是伦理德性。

历史进入近现代，在对智慧的理解上，最具代表性的人物包括洛克、怀特海、罗素、伽达默尔、麦克唐纳、斯滕伯格、布朗和特罗布里奇等。洛克把智慧理解为使一个人有能力、有远见、能够专注于事情并能得心应手地加以处理的能力。❷在杜威看来，智慧在每一个体或集体中能够发挥这样的作用，即在旧的习惯、习俗、规则、信仰和新情况之间建立有效的联系。❸怀特海和罗素强调了智慧和自由之间的联系。怀特海说："智慧是掌握知识的方式。它包括处理知识，确定相关问题时选择知识，以及运用知识使我们的直觉经验更有价值。这种对知识的掌握就是智慧，它是人们可以获得的最本质的自由。"❹罗素认为，智慧的精髓就是解放，将人类尽可能从当下的暴政中解放出来。伽达默尔致力于复兴和弘扬亚里士多德的实践智慧。现代科学技术的飞速发展不仅是我们文明的标志，也是我们文明的危机。伽达默尔主张，只有通过将亚里士多德所说的"实践智慧"，还原为反对现代技术支配社会生活的实践理性，我们才能控制科学技术的滥用，而不会对人类社会造成消极恶果。

随着时代的发展，西方关于智慧的研究日益丰富。根据麦克唐纳的说法，智慧之人会自我实现，对经验感到敬畏，好奇心强，尊重他人的个性，不盲目追随世俗文化，他们诚实而公正，是真、善、美的完美结合。斯滕伯格认为，具有卓越智力的人能够将获得的知识灵活地应用到现实生活中，以应对

---

❶ 徐长福. 走向实践智慧——探寻实践哲学的新进路［M］. 北京：社会科学文献出版社，2008：113.

❷ 洛克. 教育漫话［M］. 北京：教育科学出版社，1999：171.

❸ 孙有中. 美国精神的象征——杜威社会思想研究［M］. 上海：上海人民出版社，2002：193.

❹ 怀特海. 教育的目的［M］. 北京：生活·读书·新知三联书店，2002：54.

不断变化的情况，并能采取有效的方法来解决实际问题，这实际上就意味着智慧。❶斯滕伯格在其《认知心理学》一书中再次提到了"智慧（wisdom）"这一概念，他认为在广义上，智慧可以定义为非凡的洞察力、敏锐的意识和卓越的判断力。斯滕伯格强调智慧的重要性："如果说世界有什么可需要的，那就是智慧。如果失去智慧，我可以毫不夸张地说，很快，可能世界将不复存在……"斯滕伯格还在其"平衡理论"中提到"智慧"，认为它涉及人际关系平衡、目标和后果之间的平衡、适应与改变之间的平衡。❷

舒尔曼将实践智慧定义为"由实践者构建的各种实践推理，它使人们能够洞悉情境特点、作出可行性方案，并进行明智的判断和决定"❸。

最具代表性的是布朗的智慧发展模型。在布朗看来，"智慧不仅仅是各部分的总和，它超越了个人素质、知识、技能和洞察力的简单相加。它聚焦于一个更大的目标"❹。布朗的智慧发展模型是由自我认识、理解他人、判断力、生活知识、生活技能和学习意愿六个相互联系的因素构成的。这个模型为衡量智慧发展提供了一个框架，它可以用来描述智慧的现实状况、预测智慧的未来发展和推断增进智慧发展的相关条件等。这里，还要提到一个人，那就是特罗布里奇，他被认为是近期智慧的集大成者。在他看来，智慧的运用已发展为人类社会面临的最大风险，今天比以往任何时期都更需要智慧。在此判断基础上，他还进一步对智慧进行了相关的实证研究。❺

总体来看，西方对智慧的理解越来越贴近生活，也越来越贴近个人和社会的变化和趋势。中国人对智慧的追求主要体现在中国传统哲学当中。

---

❶ 方明. 缄默知识论［M］. 合肥：安徽教育出版社，2004：836.

❷ STERNBERG R. A balance theory of wisdom［J］. Review of General Psychology，1998（4）.

❸ SCHULMAN L S. Practical wisdom in the service of professional practice［J］. Educational Researcher，2007（9）：36.

❹ BROWN S C. Learning across the campus：How college facilitates the development of wisdom［J］. Journal of College Student Development，2004（2）：45.

❺ 陈飞虎. 大学教育智慧［D］. 长沙：湖南师范大学，2011：14.

三、教育智慧相关研究

教育智慧主要是一个教育学概念。德育作为教育的重要组成部分，应吸收借鉴教育研究的一般成果。教育学研究中有关教育智慧研究对智慧德育的构建提供了重要基础。

近年来，我国关于教育智慧的研究如雨后春笋般相继出现。叶澜对教育智慧的界定是其中的代表性成果。"教师的教育智慧集中表现在教育、教学实践中，他具有敏锐感受、准确判断生成和变动过程中可能出现的新形势和新问题的能力；具有把握教育时机，转化教育矛盾和冲突的教育机智；具有根据对象实际和面临的情境及时做出决策和选择、调节教育行为的魄力；具有使学生积极投入学校生活，热爱学习和创造，愿意与他人进行心灵对话的魅力。教师的教育智慧使他的工作进入科学和艺术结合的境界，充分展现个性的独特风格，教育对于他而言，不仅是一种工作，也是一种享受。"❶

在教育智慧研究方面，靖国平的观点同样具有代表性。靖国平认为，人类早期的教育即孕育着一种引导人的智慧成长、促进人的自由发展的本性。然而，近代以来，人类教育发展的立足点和重心逐渐转向外在的物质世界，并日益演变为一种单向、片面的"知识教育"，这导致了教育的智慧性格的衰微。基于这种现实状况，靖国平进而提出教育领域"复兴智慧"的倡议，并对如何"复兴智慧"提出了自己的见解。❷

总括我国关于教育智慧的研究，主要存在这样两种倾向：第一，是将教育智慧等同于哲学智慧。中国一些学者认为，智慧应该是"大聪明""大智慧"的意思，不包括一般所谓的"人生哲理"之类的"小聪明""小智慧"。真正的教育是教育者引导受教育者对"大智慧"的追求，是理解和协调个体与自然、社会、历史、文化及他人关系的智慧。这里的"大智慧"实际上就是我们通常所说的哲学智慧。事实上，这种认识只能是中国传统哲学的价值智慧。第二，是将教育智慧等同于教师的教学智慧。有学者提出，教育智慧

❶ 叶澜. 新世纪教师专业素质初探［J］. 教育研究与实验，1998（1）：41-46，72.
❷ 靖国平. 论教育的知识性格和智慧性格［J］. 教育理论与实践，2003（19）：1-4.

是教师感受的敏锐性、教学机智和与学生沟通等能力的综合，认为教育智慧是教师在教育活动中解决教育问题、处理突发事件和创造人生价值的优秀能力。教师教育智慧的表现主要在能力维度。目前，我国对教育智慧的研究大多是围绕教师的教学活动展开的，关注的对象主要是教师和教学方法，仍然停留在经验和知识上，普遍关注的是教师智慧的输出，主要局限于教师教育智慧，实际上是用教学智慧代替教育智慧。

西方对教育智慧也有所涉猎。洛克曾把近代的绅士教育归结为德行、智慧、礼仪和学问四件事，认为其中的"智慧"一事最为重要。怀特海认为，在古代学校里，哲学家们渴望传授的不是零碎的知识，而是智慧。在西方，有不少人呼吁教育应该促进智慧的发展。在《小的是美好的》这部著作中，舒马赫说："整个人类现在处在极大的危险之中，这并不是因为我们缺少科学知识，而是因为我们总是缺乏智慧，破坏性地运用这些知识。更多的教育只有在培养更多智慧的情况下，才能有助于我们。"❶ 尼古拉斯·麦克斯韦指出："对智慧的追寻是解决生活问题的核心学术问题。""智慧探求的任务是，促进公共教育发展的程度远远超出今天的学者的任何企图或想象。""大学最重要的任务是帮助教育公众了解我们需要做什么，以避免未来可能发生的不利行为或灾害。"❷ 随着时间的推移，智慧发展相关研究如雨后春笋般萌生。

总体来说，目前关于教育智慧主要有两大主张：一是在过程维度上，它表现为教师在教育活动中具有解决教育问题、处理偶发事故、创造生命价值的卓越能力，它是出乎意料的、动态生成的，是一种教育机智；二是在结果维度上，它表现为教师对美好生活及其存在意义的执着追求。这对智慧德育的实践探讨具有一定启发性。

四、有关道德智慧的探索

智慧德育以提升人的道德智慧为己任。现有道德智慧研究成果为智慧德

---

❶ 舒马赫. 小的是美好的［M］. 北京：商务印书馆，1984：50.
❷ MAXWELL N. Are Universities undergoing an intellectual revolution?［J］. Oxford Magazine，2009（6）：13-16.

育理论建构在内容方面提供了重要基础。文献检索结果表明，现有研究主要涉及道德智慧的内涵和特征、道德智慧的构成和形态、道德智慧在道德教育中的地位及关于道德智慧教育的理论模式等方面。

关于道德智慧的内涵，国内外不同的学术领域对此有不同的界说，但学者普遍认为，道德智慧是一种人类智慧的特殊形式，体现为一种综合能力。在教育理论界，学者们一般把道德智慧看作一种基础性的道德实践能力。例如，梁爱蕴认为，道德智慧是"道德主体面对道德实践，对道德规范进行分析、择取、整合、内化过程中表现出的综合能力"❶。曹树认为，道德智慧是个体人对周围关系世界的融通领悟力。❷关于道德智慧的特征。黄富峰在其专著《德育思维论》中概括了道德智慧三方面特征：一是道德智慧是一种通达的智慧，体现为对人生事务的洞察和处理人际关系时的机智和圆融；二是道德智慧是人生境界的表现形式，人的境界有多高，他就有多大的道德智慧；三是道德智慧是一种实践智慧，道德智慧只能通过人的生活实践而得以体现，它不可能只体现为"象牙塔"中的学问。著者认为，德育的根本目的就应是道德智慧的培养。❸吴安春将道德智慧的特征概括为五个方面：终极性特征、体验性特征、整体性特征、践履性特征和反思性特征。

学者吴安春分析了道德智慧的形态，认为道德智慧包括四重形态：一是宇宙道德智慧。这是一种人认识和理解宇宙自然的本性，恰当地处理人与宇宙、人与自然关系的意识和能力，是一种知物的意识和能力。二是生活道德智慧。它是指伦理关系中的智慧，是一种知人的意识和能力，要求人恰当地认识和处理人与他人、人与社会、人与国家、人与他族、人与文化、人与政治和人与法律之间的关系，保证人与各种社会关系的和谐。三是生命道德智慧，即个体生活世界中的道德智慧，指人认识和领悟自己的内心精神世界意义的意识和能力，是一种知己的意识和能力。四是人生道德智慧，指涉的是人向道德本性、智慧本性和审美本性回归而引发的人生智慧，关涉个体如何安身立命之根本。其中，人生道德智慧是宇宙道德智慧、生活道德智慧和

---

❶ 梁爱蕴. 道德智慧：德性的标尺［J］. 理论与改革，2012（1）：117.
❷ 曹树. 道德智慧生成：高校德育的主题［J］. 江苏高教，2006（1）：119.
❸ 黄富峰. 德育思维论［M］. 北京：人民出版社，2006.

生命道德智慧的综合统一，是超越世俗世界和见闻之知的大智慧。❶

多数学者从道德智慧与德育关系角度论述了道德智慧的地位，认为道德智慧应当成为高校德育的核心。如齐俊斌、陈艳从当前高校道德智慧培养缺失的现状出发，提出高校德育应当将道德智慧的培养作为着力点。❷张茂聪从道德智慧与生命成长的关系入手，提出道德智慧是道德教育的核心与灵魂；进而提出道德教育必须回归生活，回归个体，回归生命，探寻道德智慧，追求生命的完满，这已成为道德教育的时代要求。❸曹树提出道德智慧生成应当成为高校德育的主题；高校德育作为一项道德性的实践活动，要承担起挖掘、培植和开启人智慧的任务，提升大学生的道德智慧境界。❹梁爱蕴论述了道德智慧与德性的关系，提出：道德教育的目的在于受教育者德性的养成，而德性的培养不仅是对道德智慧的获得与掌握，更重要的是道德智慧的生成；道德教育应扎根现实生活，唤醒道德主体的内在自觉，培养其道德智慧。❺

关于道德智慧生成的路径。曹树从当前德育忽视道德智慧生成的现象出发，提出改变现行道德教育模式，寻求道德智慧生成的正确方式和合理路径问题，并进而提出：一是反观内省是道德智慧生成的基础；二是体验生活是道德智慧生成的沃土；三是道德实践是道德智慧生成的关键。❻

有学者提出道德智慧培养从应然走向实然的路径：一是重新定位高校的德育目标，将其分解为基本目标——"常德"和争取目标——"圣德"两级；二是树立"以人为本"的主体性德育观；三是优化德育内容；四是创新德育方法，注重体验，强化实践。❼

有学者提出，培养道德智慧的途径和方法为：一是注重道德思维能力的

---

❶ 吴安春. 论道德智慧的四重形态 [J]. 教育科学，2005（2）：22-25.
❷ 齐俊斌，陈艳. 道德智慧的培养：高校德育的着力点 [J]. 中国青年研究，2007（5）：28-30.
❸ 张茂聪. 道德智慧：生命的激扬与飞跃 [J]. 教育研究，2005（11）：28-31
❹ 曹树. 道德智慧生成的路径探究 [J]. 中小学教师培训，2005（10）：49-51.
❺ 梁爱蕴. 道德智慧：德性的标尺 [J]. 理论与改革，2012（1）：117-119.
❻ 曹树. 道德智慧生成的路径探究 [J]. 中小学教师培训，2005（10）：49-51.
❼ 齐俊斌，陈艳. 道德智慧的培养：高校德育的着力点 [J]. 中国青年研究，2007（5）：28-30.

训练，这是道德智慧生成的关键；二是加强道德情感的培养，这是道德智慧生成的基础；三是扎根现实生活世界，这是道德智慧生成的沃土。❶

还有学者认为，道德事件是道德智慧生长的温床。每个学生都生存或生活于各种各样的道德事件中，每个事件都是个性化的独特境遇，都是师生间或生生间点对点的教育关系。道德智慧要求学生在智慧型教师的引领下，在学生主体自我道德经历、体验、积淀、生成的过程中，将道德知识和理论自觉地内化、升华为道德智慧。在道德事件中生长，是道德智慧最生动、最理想的生成与成长方式。❷

综合目前关于道德智慧的研究成果，可以看出道德智慧现有研究成果数量上还不够丰富，研究水平参差不齐，系统性不强，特别是在路径研究方面，还有待进一步深入。总体来说，关于道德智慧的研究还有较大空间。尽管如此，其中的很多研究成果对本书写作提供了重要素材。

第三节　研究思路与研究方法

一、研究思路

本书提出智慧德育这一重要理念，并试图对其进行从理论到实践、从原则到方法等的全面分析和理论构建。第一，论述智慧德育的提出。本书剖析了当今德育所处的时代背景及德育的现实状况，使智慧德育的立论具有鲜明的问题意识；在此基础上，从多方面挖掘了智慧德育的思想渊源，使智慧德育奠定于坚实的理论基础之上。第二，概括智慧德育的含义及特征，从理论上廓清智慧德育这一德育理念，使之与知性德育、物化德育、生活德育、情感德育等其他相关德育理论区别开来，并在与相关德育理论的比较中彰显智

---

❶ 梁爱蕴. 道德智慧：德性的标尺 [J]. 理论与改革，2012（1）：117-119.
❷ 张茂聪. 道德智慧：生命的激扬与飞跃 [J]. 教育研究，2005（11）：28-31.

慧德育理论的优长。第三，从智慧德育的目标、主体、内容和方法四方面入手进行智慧德育的理论建构，使智慧德育不停留于模糊的德育理念状态，呈现出严谨而系统的理论特征。第四，从德育发展、社会建设和个体发展三方面分析了智慧德育的当代价值，从而为智慧德育理论向实践转化做了必要铺垫。第五，从理念、原则和策略三方面提出智慧德育的实施路径，为智慧德育实践指明具体出路。

二、研究方法

本书在马克思主义理论指导下，坚持辩证唯物主义和历史唯物主义，对智慧德育进行系统研究。具体研究方法如下。

一是文献分析法。本研究通过搜集、整理、研究与本选题相关的文献，对智慧德育相关研究进行系统梳理、归类和评述，紧扣课题前沿动态，借鉴和批判已有研究成果，为课题深入研究提供科学依据。这是本书写作中采用的主要方法。

二是以实践为基础的研究方法。智慧德育研究总体上属于基础理论研究，但这一研究既是来自社会实践的需要，也是为服务德育实践的发展。在研究过程中，秉承立足实践的需要研究理论，不断对实践经验进行理论总结，并在实践中检验理论和发展理论这一思路，力求使智慧德育的理论构建与德育实践紧密结合，更好地促进德育发展和社会进步。

三是系统分析法。在对智慧德育理论探讨过程中，将智慧德育看作一个特定的德育系统，分析其要素构成及结合方式，力求对智慧德育进行系统的理论建构。

四是行动研究法。笔者长期从事大学生思想政治教育，在此过程中，逐渐产生了对本问题研究的浓厚兴趣，进而把对本问题的研究融入日常教育教学实践过程，通过行动研究促进理论与实践的紧密结合，并通过教育教学实践验证相关理论构想，使本研究体现出一种基于个体性的实践范式。

第二章 智慧德育的提出

智慧德育作为一种特定的德育理念和德育模式，其提出基于两个原因：一则基于特定的时代背景，是时代发展对德育的新要求；二则基于当下德育的生存困境，是德育更新观念的新应对。当然，智慧德育作为一种新的理论倡导，也并非空穴来风，有其特定的理论基础和思想渊源。

第一节　智慧德育提出的时代背景

德育作为人类历史长河中的一项重要实践，其发展与时代的脚步紧紧相随。当前，德育正面临着一个复杂的时代。全球化的到来使人类的生存境遇发生了很大的变化，多元文化并存条件下的价值多元社会，使得人们常常面临着各种道德价值取舍的困惑；信息网络社会的到来，开辟了人类的第二生存空间，但很多人在享受网络生存的悠然自得过程中却迷失了方向；市场经济的发展，掀起了社会创造财富的热潮，凸显了人们之间的利益差别，也将人性中的一系列弱点暴露无遗。智慧德育正是发端于这一时代背景下提升德育有效性的努力。

一、价值多元社会对道德智慧的呼唤

随着全球化进程的加速和我国社会转型的不断深入，传统社会的价值体系遭遇严重冲击。价值多元是现代社会的重要特征。"价值多元"中的"元"含有根本、本质的意思。多元价值观认为，在多元价值中拥有不止一种终极性、根本性价值，而且各有其充分的合理性，不可以被取消或吞并。多种价值的共存且相互分歧和冲突已经成为个体现实生活的常态。英国哲学家和政治思想史家以赛亚·伯林（Isaiah Berlin，1909—1997）是现代价值多元论的首倡者。在以赛亚·伯林看来，对多元的价值观来说，"这些价值同等真实、同等终极，尤其是同等客观；因而生活不可能被安排在一种永恒不变的等级秩序之下，或者是用某种绝对的标准来判断"❶。价值多元挑战人类原有的一元价值及文化霸权，实际上意味着主流价值观念的被边缘化和相对主义的兴盛。如此一来，必然导致价值标准的混乱、价值导向的模糊，使人类原有的相对稳定的价值体系渐渐趋于多元化、离散化和冲突化。在多元主义价值观的大背景下，受教育者必须学会正确处理各种价值冲突，才能真正地获得教育的"消极自由"。❷

当前，我国正面临着从传统社会向现代社会转型的剧烈变动。从一成不变到日新月异，人们在此过程中面临着社会适应和价值选择的困惑。与以往单一、稳定、封闭的环境不同，当今社会的开放性程度不断提高，人们已置身于一个复杂的多元文化包围之中。"我们生活在一个剧变、动荡和革命的时代，我们的生活方式、人生哲学都有了激变。我们目睹古老文化传统的碎裂以及完全不同的思想流入。"❸ 现代人遭遇着前所未有的生存处境，价值多元社会使个体选择变得如此复杂，如此不确定，如此令人困惑。价值多元社会，造成道德相对主义、道德虚无主义等的流行，使人们的规范意识、美德

---

❶ 以赛亚·伯林. 扭曲的人性之材［M］. 南京：译林出版社，2009：81.
❷ 曹辉，李茹莹. 捍卫受教育者的"消极自由"——以赛亚·柏林的价值多元主义教育观及其实现［J］. 教育学术月刊，2017（4）：22.
❸ 孙志文. 现代人的焦虑和希望·自序［M］. 北京：生活·读书·新知三联书店，1994：1.

意识趋于淡化，道德准则、伦理规范的约束作用受到削弱。可以说，多元主义价值的出现是当今价值标准混乱、行为失范的重要原因。价值多元社会中的道德建设是当今社会面临的重要问题。对现代社会的人们来说，社会制定的道德规范的绝对权威已经动摇，道德规范往往被人们看作外在的约束和负担，人们更相信自己的主观意愿的真实。在这种情况下，人们的道德行为在更大程度上取决于个人的自主选择。在价值多元社会中，人们普遍面临着各种道德判断和道德选择的痛苦。对于人们在多种道德观之间选择的困难，单纯提供一些道德规训是远远不够的，需要使社会成员具有进行道德选择的足够智慧。价值多元社会呼唤着拥有道德智慧的价值主体，能够在多元价值中恰当进行自主选择。提升人们的道德智慧，远离道德选择之苦是智慧德育提出的重要背景。

二、信息网络时代对道德智慧的诉求

20 世纪以来，随着国际互联网和信息高速公路的发展，人类逐渐步入信息网络时代。今天，国际互联网将世界各地的上亿台计算机联结在一起，构成巨大的信息网络。信息网络技术从根本上改变了人们的生活方式和行为模式，影响着人们的思想发展。在网络空间中，没有中心，没有领导，人人平等，人人都有发言权，不再受等级制度的控制。网络给人们带来了前所未有的平等体验，加强了人们的平等意识。信息网络技术也深刻地影响着人们的交往活动和社会关系，使得人们之间的交往不受时空限制，庞大的地球演变成一个"小村庄"，真正将人类社会带入一个前所未有的开放时代。当今时代，网络已逐渐成为现代人的一种生活方式，网络空间的基本特征是虚拟性。与现实生活相比，网络空间更加自由、更加自主，在道德领域也呈现出一种更少依赖性、更多自主性的特点。在技术层面上，互联网络不存在中央控制问题。从整体上讲，网络没有主管责任机构，用户的发展和使用没有限制，对网络信息的真实性和可靠程度不易核实。这对网络主体的道德素质提出了新要求。"在网络空间中，人与人之间的关系具有间接的性质，直接的道德舆论评价难以进行，外在的道德约束力被弱化。因此，加强网络社会中个人的道德自律就显得更加重要。"❶ 在虚拟与现实之间，已经产生了一系列急需解决的新的社会问题，如网络犯罪、网络病毒、网络色情、侵犯隐私权等。当前，我国的计算机信息与网络技术迅猛发展，它深刻地改变着我们生活的方方面面，也使社会道德建设面临一系列新的挑战。正是在这一背景下，2019 年 10 月我国颁布了《新时代公民道德建设实施纲要》，将网络空间的道德建设单列一章，意味着网络空间的道德建设已经成为新时代中国特色社会主义事业重要内容。❷ 在德育工作中，以智慧德育为理念，以发展社会成员的道德智慧为取向，是网络信息时代的重要诉求。其一，信息网络时代的自主性特征需要社会成员加强道德自律。以"慎独"为特征的道德自律，能使人在独自一人或在他人完全不知的情况下，仍保持高度的道德自觉，仍能保守自己和把握自己，使自己的行为符合道德规范。因此，提升社会成员的道德智慧，加强道德自律，可以有效避免"现实人"与"网络人"人格的二元分裂和现实空间与网络空间的严重脱节，形成虚拟与现实之间的良性互动。其二，信息网络时代的开放性特征需要社会成员提高自身的道德鉴别能力。在信息网络时代，人们被赋予了广泛的价值选择的自由和权利，时刻面临着海量信息与理性选择的矛盾。如果缺乏基本的道德素养，人们就会在多元、流变的信息网络面前变得无所适从。因此，要增强社会成员对网络信息的占有、辨别、选择、利用能力，发展社会成员的鉴别能力，提高他们的辨别力和免疫力，避免思想混乱。可见，网络信息时代需要网络行为者具有良好的道德涵养，具有道德智慧。要通过提高道德主体的道德智慧，使得社会成员加强道德自律意识和道德选择能力。智慧德育是信息网络时代德育应作出的正确抉择。

三、市场经济发展对道德智慧的追寻

自 1992 年党的十四大召开以来，中国的市场经济开始迅速发展起来。

---

❶ 张雷. 论网络政治谣言及其社会控制［J］. 政治学研究，2007（2）：52.
❷ 蓝江. 新时代网络空间道德建设刍议［J］. 思想理论教育，2020（1）：73.

当前，我国正处于社会主义市场经济高速发展的黄金时期。市场经济的发展带来了道德观念与实践的巨大变化，使社会道德面临新的考验。

市场经济的深入发展，对社会成员的自身素质提出了新的更高的要求。在计划经济体制下，个人被紧紧地束缚在家庭、单位等网络之中，自身缺乏独立性、自主性；而市场经济的健康发展要以独立自主的市场主体为其基本前提。个人要以独立的身份通过市场形成彼此之间的关联，并在此过程中追求自我利益和人生价值的实现。市场经济催生着个体主体性的萌生，个体开始以自身的独立意识理性地观察和审思，开始以社会主体的身份与他人、社会、政府打交道。随着独立自主思想的兴起，个体主体的自身权利被赋予了前所未有的历史意义。其中最主要是人与人的相互尊重和诚信。市场经济挺立的是一个大写的"人"。市场经济中人的存在方式就是马克思所说的"以物的依赖性为基础的人的独立性存在"，在全社会范围内，挺立了人的主体性，从而使人与人之间的关系成为平等的主体之间的关系。❶ 在市场经济中，商品交易是在追求自我利益的人之间进行的交换活动，自愿交换时双方必须遵循一系列基本原则，其中，诚信是最基本和最重要的原则，诚信道德是解决市场经济信用缺失的一种手段，是市场经济信用治理的伦理基石。❷ 可以说，市场经济呼唤着具有独立自强意识、怀疑和批判精神、创新意识和能力的人，呼唤着一个以诚信为中心的道德世界。因此，在市场经济条件下，德育要增强实效性，必须回应其内在需要，重视培养社会成员的主体意识，提高个体的道德判断和道德选择能力，使受教育者学会在诚信的基础上与他人、社群、自然和谐共处。

市场经济的到来，除了提出对个体成长的新要求外，也引起社会道德领域的深刻变化。1992 年党的十四大正式确立了社会主义市场经济体制发展目标，在市场取向的经济体制改革过程中，那些与计划经济体制相匹配的道德要求遭遇严峻挑战，有些逐步退出历史舞台，但是，新的道德规范未能应

---

❶ 李伟言. 重塑我们的道德生活［M］. 北京：北京师范大学出版社，2012：96.

❷ 赵建波，余玉花. 诚信：市场经济信用问题治理的伦理基石［J］. 大连理工大学学报（社会科学版），2020（1）.

时而生，于是出现了一些道德"真空"地带，成为道德失范的重要根源。❶
转型期我国社会道德领域出现的种种窘境，往往与我国的市场经济体制转型
有密切关系。这一社会道德真空现实，也要求社会成员具有道德智慧，能够
始终进行恰当的道德抉择。而市场经济发展引起社会道德领域的最显著变
化，莫过于功利价值被过度强化。在市场经济条件下，如同打开了人们道德
的"潘多拉魔盒"，以往长期受到压抑的功利价值，由潜在需求逐渐变为社
会普遍追逐的显在价值。市场经济承认和肯定人对功利价值的追求，并将其
作为市场经济的第一原则，开启了人们关注自我利益的闸门，使得利己主义
应运而生。结果，以"利他"为核心的道德规范受到冲击，客观上导致了道
德失范和道德冲突状况的迅速增加。由此可见，市场经济发展呼唤着德育领
域进行一系列变革。以提升受教育者道德智慧为目标的智慧德育将能够有力
地回应市场经济发展对道德智慧的追求。

第二节　智慧德育提出的教育反思

德育作为教育的重要领域，对于人的发展和社会进步都承担着重要职能。
然而，当前我国德育发展从理论到实践均存在着一系列难题。从学校德育来
看，集中地表现为知性德育、物化德育和社会本位德育的重要倾向。德育在
一定程度上脱离了受教育者的发展诉求，这是当前德育效果欠佳的重要根源。
智慧德育正是在深刻反思当下德育现状的基础上提出的一种德育理念。

一、知性德育与道德智慧的悬置

知性德育发源于西方理性主义传统，随着近现代科学技术发展和科学主

---

❶ 许锋华，杜时忠. 从"道德人"到"经济人"——关于德育实效问题的根源探讨与视角转
换分析［J］. 教育理论与实践，2006（11）：54.

义思潮的推进而逐渐形成，并最终发展成为一种现代德育潮流。❶ 所谓知性德育，是指在德育过程中过分强调主流价值观和伦理观等道德知识的传授与强化，将德育过程等同于智育的"认识"过程的一种异化德育形式。具体表现为，在学校德育中，无视德育过程与智育过程的区别，以实施智育方法来实施德育，将德育看作向学生这个"美德袋"或"道德之洞"灌注道德知识的过程。知性德育，在课堂教学模式上，其基本程序是：感知理解知识—巩固知识—运用知识—评价学习效果。❷ 在课堂教学中，往往重推理说教，道德情感观照不足，受教育者的道德判断能力和道德事件处理能力得不到应有的关注。在教学评价方面，知性德育重认知结果的评价。目前，多数学校德育课程的最终评估采取卷面形式，有的高校还以单选、多选、填空的标准形式出题。学生往往基于功利目的而进行课程学习，德育逐步异化为学生获取分数的活动，与学生创造意识、批判精神和选择能力的提升无涉，学生的丰富个性与全面发展在分数考核中无从体现。现实中所存在的知行脱节与知行不一、"言语上的巨人、行动上的矮子"，就是知性德育缺点的重要表征。

应如何认识和评价现实中普遍存在的知性德育状况呢？本书认为，重要的是正确看待道德认知在德育中的地位。德育过程本是培养学生品德的过程，而学生的品德包括四个基本成分：道德认知、道德情感、道德意志和道德行为。其中，道德认知是品德形成和发展的基础。因此，传递道德知识理应成为德育的重要环节。在学校德育实施过程中，采用课堂教学形式，由教师集中地对学生进行理论宣讲，能够比较高效地让学生系统掌握社会的价值观和道德规范，形成道德知识体系。这不仅节约教育资源，也是学生获得道德知识的一条捷径。但是，知性德育过于夸大了道德认知的地位，轻视道德情感、道德体验、道德反省和道德实践，乃至于将道德认知当作道德教育的全部，这是其偏失之处。正因如此，在社会生活中，不少人把德育单纯理解

❶ 熊筱晶，严运楼. 高校知性德育模式创新研究［J］. 学校党建与思想教育，2014(17)：38.
❷ 林宁. 从知性德育到生活德育的转化［J］. 青海民族大学学报（教育科学版），2011（4）：27.

为对主流意识形态的阐释、灌输和说教，认为德育无非是要把某些本本教条及现成的结论强加给人们，从而引起了一些人的本能反感。道德教育更重要的是将道德知识转化为道德意志和道德行为，内化到学生的生活实践之中。以传授道德知识为特征的德育以偏概全，片面强调对道德原则和道德规范的记诵与逻辑演绎，远离个体丰富多彩的生活，疏远了个体现实的生命诉求。在这种德育实践之下，受教育者得到的不是厚重的道德智慧，而是枯萎的道德知识。德育原本应当与受教育者的生活紧密相连，因此，道德教育不应驻足于理论知识层面，而应转识成智，进入智慧境界。

二、物化德育与道德智慧的遮蔽

市场经济在改善人类生存境遇的同时，却制造出一只"铁笼"把人关在其中，成为奴役人和束缚人性的工具。在市场经济条件下，人以追求物质利益为重要目标，甚至形成人受制于物的异化现象，工具理性征服一切，物质利益在社会中逐渐确立了主导地位。随着市场经济的深入发展，市场的物化、利益化逻辑构成对德育的严重侵蚀。物化德育成为德育在现代的重要表现形态。所谓物化德育，是指当今社会存在的那种片面强调德育的功利价值而忽视德育的内在关怀的具有急功近利倾向的德育形态。具体表现为：第一，在德育功能方面，物化德育过分强调市场经济的社会需求，出现了德育的市场媚俗现象，忽视德育对人的德性的发展和完善的功能。否定德育对道德理想的倡导与教育，只要求道德简单地、被动地适应现实。在物化德育条件下，德育不是从人出发，不是从人的需要和发展出发，而是把人当作无生命的物质性的东西对待。从根本上说，物化德育是人的价值的"物化"，活生生的人被从物的效用价值角度去看待，让物成为衡量和评价人的尺度。第二，在德育内容方面，物化德育过分强调德育的当下功效性。德育的超越性内容安排被大大压缩了。正如德育专家鲁洁教授所说，"在今天，只要求道德教育贴近市场经济，把市场经济中那种等价交换、物质利益驱动等等普遍存在的现实作为道德教育改革的根本取向，既违反了人类对美好理想的追求，也违反了道德和历史发展自身的内在规律"❶。德育内容安排过于强调为经济社会发展服务，个别教师在投学生所好中对德育内容进行了窄化处理，理想、信念、道德、心理等方面内容被严重削弱。第三，在德育过程方面，物化德育缺乏对学生人格的尊重和关心，体现为技术取向和工业生产特征，它把德育设想成一条生产流水线，学生就是这条流水线上不断经过加工的产品，德育课教材就是设计图纸，德育过程就成为按照设计好的图纸，把受教育者作为产品生产出来的过程。模式化、标准化是其根本特点。在这种德育模式下，受教育者的个性与独特性被忽视，这严重背离了培养德智体全面发展人才的这一教育指向。在物化德育逻辑下，教师的职业崇高性必然受到消解。师生关系随之蜕变成一种市场交换的物化关系。

物化德育的根本缺陷在于它对人类社会所特有的而又极其重要的"价值"和"意义"的忽视。受教育者失去了对人生意义和价值的追求，他们的目光仅限于眼前。这将使现代人陷入一种缺乏心灵家园的精神困境。他们在物质生活水平日益提高的同时，精神世界却日益陷入贫困。于是，在功利意识浓郁的社会氛围下，出现了人自身的道德危机和信仰危机。解决问题的出路虽然不能仅寄望于德育，但德育绝不能袖手旁观。智慧德育的提出便是在此过程中的重要探索。

三、社会本位德育与道德智慧的迷失

长期以来，我国德育突出强调服务于国家和社会的价值功能，以社会的需要为导向的价值定位，是一种社会本位的德育。社会本位论者认为，相对于个人，社会才能称为真正的存在，人实际上因为生活在社会中才是人。孔德曾说过，真正的个人是不存在的，只有人类才存在，因为不管从哪方面看，我们个人的一切发展，都有赖于社会。❷ 在社会本位论者看来，社会的价值理应凌驾于个人的价值，最高层次的需要就是社会需要。德育理当以满

---

❶　鲁洁. 道德教育的当代论域［M］. 北京：人民出版社，2005：263.
❷　吴俊生. 教育哲学大纲［M］. 上海：商务印书馆，1943：147.

足社会需要为旨归，服从于社会意志。

应该说，德育强调社会性无可非议。从道德产生开始，道德作为社会契约即已存在。可以想象，在人类社会之初，由于生产力水平的限制，原始初民们受到大自然的威胁。孤立的个体难以求得侥幸生存，于是，道德教育得以产生，用于规范群体行为、凝聚群体力量，以实现与恶劣自然环境的成功对决，最终达到种群生存发展的目的。所以，道德是伴随着人类对特定社会秩序的追求而发生的，道德教育是维持社会持续发展的基础。但随着时间的推移，社会本位德育的局限性日益显著。

在我国长期历史发展过程中，社会本位德育比较明显。其突出表现为我国近百年来用政治代替道德的事实，德育呈现出政治化的重要倾向。在社会发展中，德育为政治国家、为社会服务的功能一再被强调，已被普遍认同为社会意识形态领域建设的有力工具。在这种情况下，人往往被看作实现社会利益的工具，德育培养的是失去主体性的、被动地遵守社会道德规范的社会个体。

在社会本位德育下，人们的道德智慧并未真正受到关切。相反，德育的个体价值受到漠视，个体的独特、内在的需要被忽略，只是一味强调个人发展是社会化的结果。德育成为一种约束与强制性的命令。社会本位德育忽视了社会要求还必须通过个体的认知与内化才能真正转化为个体社会素质和道德修养的现实。尽管德育进行得如火如荼，但人们往往从功利和实用的角度来看待德育。在实践中，人们往往为了升学、考试、就业接受德育。学生的道德学习常显得较为被动，以完成学业为主要期待。德育之要旨即在于指引人的行为，而社会本位德育无视个体道德发展的需要，这样的德育很难获得人们的好感，受到人们漠视也就理所当然。因此，其对个体行为的指引作用有限。

智慧德育认为，德育的价值是提升人的生命价值与人生境界，实现人的"至善"和幸福。德育应坚持以人为本，人应该是德育的出发点，也是德育的归宿。而人的自由全面发展是社会发展的重要依托。从总体上说，智慧德育反对简单绝对的社会本位立场，也反对简单绝对的个人本位立场，它所倡导的是一种"个人—社会"本位立场。因为人是社会关系的总和，人的社会性也就决定了个人与社会的不可分离性。这种"个人—社会"本位立场是对教育对象主体性地位的肯定，体现了对教育对象的尊重。

第三节 智慧德育提出的理论基础和思想借鉴

智慧德育的提出，既是对时代要求的回应，又是对德育深刻反思的结果，更根植于古今中外一系列思想理论资源。智慧德育以马克思主义德育理论为其理论基础，并对中西文化中所蕴含的智慧德育相关思想因素进行了充分借鉴。

一、马克思主义德育理论

德育是无产阶级政党的一项十分重要的实践，因此，马克思主义经典作家在领导无产阶级革命和建设的实践过程中，十分重视德育问题，他们关于德育的一系列相关理论为智慧德育的提出提供了重要的理论基础。

1. 马克思、恩格斯关于人的全面发展思想

马克思、恩格斯创立了博大精深的马克思主义理论体系。马克思、恩格斯思想中"关于人的全面发展思想"是智慧德育论提出的最重要理论基础。马克思、恩格斯始终不渝地把人的全面发展确立为人类社会发展的价值指向和最高境界，认为共产主义的最终目标就是实现人的自由全面发展。马克思初步提出人的全面发展理论是在《1844 年经济学哲学手稿》中，在《德意志意识形态》中第一次正式使用"个人的全面发展"这一概念，明确地提出关于人的全面发展的思想。马克思在《1844 年经济学哲学手稿》中提出，所谓人的全面发展，就是"人以一种全面的方式，也就是说，作为一个完整的人，占有自己的全面的本质"❶。马克思和恩格斯在《共产党宣言》中提出：

---

❶ 马克思恩格斯全集：第 42 卷 ［M］. 北京：人民出版社，1979：123.

"代替那存在着阶级和阶级对立的资产阶级旧社会的，将是这样一个联合体，在那里，每个人的自由发展是一切人的自由发展的条件。"❶ "自由人联合体"是社会建设的最高境界，在这个境界中，人的能力和潜能得到充分发挥，人的多样性需求不断得到满足，人的社会关系日益丰富，人的自由个性得到充分张扬。根据马克思关于人的本质的内在规定，人的全面发展包含人的类本质、群体本质和个体本质的全面发展，其中，作为个体的人，人的本质就是人的个性。在此基础上，马克思、恩格斯明确提出实现人的全面发展的方法和途径是生产劳动与教育相结合。马克思认为，要培养全面发展的新人就必须给予全面发展的教育。当然，马克思、恩格斯在论述人的全面发展问题时，并不是首先从教育的角度来论述这个问题的，而是从社会的劳动分工来看劳动力的具体发展问题。马克思、恩格斯的人的全面发展学说以历史唯物主义和辩证唯物主义为出发点，为智慧德育思想奠定了坚实的"元理论"基础。

2. 列宁共产主义道德教育思想及马克思主义灌输理论

马克思主义创始人关于社会主义和共产主义的相关理论是基于资本主义社会的弊病而提出的，他们没有机会进行社会实践检验。列宁则在理论与实践相结合基础上，带领俄国无产阶级取得了政权，并在新的社会历史条件下进行了一系列生动实践，留下了一系列重要的德育相关理论，成为智慧德育的理论指导。

一是列宁继承和发展了人的全面发展理论，把人的全面发展看作会做一切工作的能力。在列宁看来，苏维埃俄国人的全面发展就是"消灭人与人之间的分工，教育、训练和培养出全面发展的和受到全面训练的人，即会做一切工作的人"❷。列宁强调在苏维埃制度下，人在道德方面的发展绝对不可忽视，体育、智育、美育和综合技术教育也应加以重视，几个方面应和谐发展，提出了"培养共产主义社会的全面发展的成员"这一思想。从此以后，所谓培养"德智体美全面发展"的共产主义社会成员的看法即相沿成习。

---

❶ 马克思，恩格斯. 共产党宣言［M］. 北京：人民出版社，1997：50.
❷ 列宁选集：第 4 卷［M］. 北京：人民出版社，1995：159.

二是强调共产主义道德建设对实现人的全面发展具有极端重要性。列宁认为，培养全面发展的共产主义社会成员，必须把共产主义道德建设摆在突出的地位，强调"青年团和所有想走向共产主义的青年都应该学习共产主义"，"应该使培养、教育和训练现代青年的全部事业，成为培养青年的共产主义道德的事业"❶。也就是说，全面发展的人必须具备必要的共产主义知识和素养，具备高尚的共产主义品德。在此基础上，列宁还强调共产主义道德教育必须与社会实践相结合。他认为共产主义道德教育不能只限于学校内，不能只限于读共产主义书籍，而与工农相脱节，与沸腾的实际生活脱离。在《青年团的任务》一文中，列宁强调："青年们只有把自己学习、教育和训练中的每一步骤同无产者和劳动者不断进行的反对旧的剥削者社会的斗争联系起来，才能学习共产主义。""为巩固和完成共产主义事业而斗争，这就是共产主义道德的基础。这也就是共产主义教育、训练和学习的基础。"可见，德育只有和社会实践相结合，在社会实践中进行教育与自我教育，改造与自我改造，同时使自我教育、自我改造的成果付诸社会实践，服务社会实践，才能提高青年的思想道德品质。

　　三是创立了马克思主义的灌输理论。1901 年，在《怎么办？》一文中，列宁系统地提出了"灌输"思想。列宁否定共产主义道德会自发产生，他明确指出"工人本来也不可能有社会民主主义的意识。这种意识只能从外面灌输进去"❷，也就是通过教育从外部灌输。但是，这种灌输并不是很多人所认为的那种运用机械重复的简单方式，如强迫执行、奖惩及榜样等方式自上而下、由外而内使人们最终形成社会所需要的固定的价值观念和行为习惯的"灌而输之"的教育。那种对灌输的理解源自西方教育哲学，是对列宁的马克思主义灌输理论的曲解。列宁强调的"灌输"是"尽量设法提高一般人的觉悟水平"，避免"反复地咀嚼一些大家早已知道的东西"，绝不是机械的、简单的、重复的，而应该从日常生活小事做起，从身边环境的变化就能感受到青年思想道德的状况如何。

　　❶　列宁选集：第 4 卷［M］. 北京：人民出版社，1995：282.
　　❷　列宁选集：第 1 卷［M］. 北京：人民出版社，1972：247.

3. 毛泽东德育相关思想

毛泽东同志作为中国共产党第一代中央领导集体核心，在领导中国革命和建设过程中，也提出了一些德育相关思想，是智慧德育理论的重要基础。

一是毛泽东关于"三育并重"的教育思想。毛泽东将"三育并重"、培育德智体全面发展的新人确立为德育的终极目标。1917 年 4 月，毛泽东在《体育之研究》一文中就强调德智体全面发展，他指出："体育一道，配德育与智育，而德智皆寄于体，无体是无德智也。"❶1953 年，毛泽东指出："要使青年身体好、学习好、工作好。"❷毛泽东认为，德智体三育之间，"德"居首位。"德"主要指世界观、人生观、思想、理想、精神、品质，解决的是人为什么活着、为谁服务等问题。只有"三育并重"，才能达到"身心并完"。1957 年 2 月，在最高国务会议上，毛泽东还明确将其升华为德智体全面发展的教育方针："我们的教育方针，应该使受教育者在德育、智育、体育几方面都得到发展，成为有社会主义觉悟的有文化的劳动者。"❸

二是毛泽东关于"五爱"的共产主义道德规范思想。1949 年 10 月，在中华人民共和国成立之际创刊的《新华月报》，其扉页上登载了毛泽东极其重要的提词："爱祖国、爱人民、爱劳动、爱科学、爱护公共财物为全体国民的公德。"在中华人民共和国成立前夕发表的《中国人民政治协商会议共同纲领》中，第 42 条明确规定：提倡爱祖国、爱人民、爱劳动、爱科学、爱护公共财物为中华人民共和国全体国民的公德。毛泽东把"五爱"作为全国人民基本的共产主义道德规范，它体现了群体性、普遍性、全面性的特征，对促进我国社会主义精神文明建设起到了积极的作用。

三是毛泽东关于"全心全意为人民服务"的道德思想。毛泽东在《为人民服务》中指出："我们的共产党和共产党所领导的八路军、新四军，是革命的队伍。

---

❶ 中共中央文献研究室，中共湖南省委《毛泽东早期文稿》编辑组. 毛泽东早期文稿（1912.6—1920.11）［M］. 长沙：湖南出版社，1990：67.

❷ 中共中央文献研究室. 建国以来毛泽东文稿：第 4 册［M］. 北京：中央文献出版社，1990：259.

❸ 中共中央文献编辑委员会. 毛泽东著作选读：下册［M］. 北京：人民出版社，1986：780–781.

我们这个队伍完全是为着解放人民的，是彻底地为人民的利益工作的。"他认为："全心全意地为人民服务，一刻也不脱离群众……这些就是我们的出发点。"从政治上说，"全心全意为人民服务"是我党我军的唯一宗旨；从道德方面讲，"全心全意为人民服务"是无产阶级人生观的根本，也是对无产阶级理想人格的高度概括。

四是毛泽东的德育方法原则。毛泽东的德育方法论以辩证法为基石，以人民的最根本利益为出发点，在德育实践中通过"团结—批评—团结"的德育模式，形成了一套进行自我教育的德育方法。

4. 新时期中国共产党对德育思想的新发展

党的十一届三中全会以来的社会主义新时期，中国共产党不断加强德育指导、丰富德育思想，为智慧德育提供了重要理论基础。

一是邓小平培育"四有"新人的重要思想。1978年，邓小平强调："我们的学校是为社会主义建设培养人才的地方。培养人才有没有质量标准呢？有的。这就是毛泽东同志说的，应该使受教育者在德育、智育、体育几方面都得到发展，成为有社会主义觉悟的有文化的劳动者。"❶此后，他根据新时期的特点和要求逐步提出了培育"四有"新人的标准。1985年，邓小平在全国科技工作会议的讲话中提出"教育全国人民做到有理想、有道德、有文化、有纪律"❷的"四有"新人培养目标。他还进一步指出："这四条里面，理想和纪律特别重要。"❸所谓有理想，是指具有现代化建设的理想；所谓有道德，是指具有与社会主义现代化建设相适应的道德水平；所谓有文化，是指具有适应现代化建设需要的宽广知识基础；所谓有纪律，是指具有良好的纪律意识。"四有"新人是德育发展的重要方向。

二是江泽民素质教育思想及德治与法治相统一的思想。江泽民十分重视社会主义道德建设。他着眼于学生的全面发展，以邓小平教育思想为指导，根据社会主义建设新阶段的实际，倡导全面推进素质教育，提出教育"以提

❶　邓小平文选：第2卷［M］.北京：人民出版社，1994：104.
❷　邓小平文选：第3卷［M］.北京：人民出版社，1994：110.
❸　邓小平文选：第3卷［M］.北京：人民出版社，1994：110.

高国民素质为根本宗旨"❶，要求素质教育贯穿于各个环节、各个方面，在素质教育中，要以"培养学生创新精神和实践能力为重点"❷。在第三次全国教育工作会议上，江泽民还在讲话中对素质教育中"素质"的内涵做了明确的界定。他把素质概括为科学文化素质和思想品德素质两个主要方面。这是江泽民对邓小平的"四有"新人思想的进一步发展。江泽民同志进一步强调，在素质教育中，思想政治素质是最重要的素质，思想政治教育在各级各类学校都要摆在重要地位，任何时候都"不可有丝毫放松和削弱"。❸他还根据学校工作实际明确提出爱国主义、集体主义、社会主义思想教育是素质教育的灵魂这一思想。这是智慧德育发展的重要理论基础。不仅如此，江泽民同志还将德育问题上升到国家治理的高度。在 2000 年中央思想政治工作会议讲话中，江泽民同志第一次使用了"德治"概念。他认为，法治以其权威性和强制性手段规范社会成员的行为，德治以其感召力和劝导力提高社会成员的思想认识和道德觉悟，二者相互联系，相得益彰。他强调，要把依法治国与以德治国紧密结合起来。这是我们党执政以来第一次比较系统地论述德治与法治的关系，并将道德与法治提升到治国安邦的高度。这一思想，是对马克思主义国家学说的丰富和发展，也是对党的德育理论的重大创新。

三是胡锦涛关于用科学发展观统领德育工作及社会主义核心价值体系的德育内容思想。科学发展观的内涵极为丰富，"以人为本"是科学发展观的本质和核心，"全面发展""协调发展"和"可持续发展"是三个基本点。在这个整体的观念中，以人为本，推进人的全面发展是其基本的价值取向。科学发展观是当代德育发展总的指导思想和根本方法，理应成为智慧德育的重要指导。社会主义核心价值体系是胡锦涛同志在党的十六届六中全会上明确提出的。它鲜明地回答了在社会主义社会的价值关切。这也是当前构建智慧德育的重要内容。

---

❶　毛泽东邓小平江泽民论教育［M］. 北京：中央文献出版社，人民教育出版社，北京师范大学出版社，2002：276.

❷　毛泽东邓小平江泽民论教育［M］. 北京：中央文献出版社，人民教育出版社，北京师范大学出版社，2002：276.

❸　江泽民. 论"三个代表"［M］. 北京：中央文献出版社，2001：53.

四是习近平德育思想。党的十八大以来，习近平结合我国德育面临的一系列新情况、新特点和新问题，全面阐述了党的德育工作的时代定位、核心战略、价值追求、工作重点及主渠道等相关问题，"开创了当代中国马克思主义德育思想的新境界"❶。关于德育的时代定位，习近平突出强调宣传思想工作"两个巩固"的思想，即"宣传思想工作就是要巩固马克思主义在意识形态领域的指导地位，巩固全党全国人民团结奋斗的共同思想基础"❷。关于德育的核心战略，习近平聚焦人才培养，阐述了"培养什么样的人，如何培养人以及为谁培养人"的核心战略。关于德育的价值追求，习近平高度重视社会主义核心价值观，要求把培育和践行社会主义核心价值观贯穿于党的德育实践的全过程。关于德育的工作重点，习近平突出强调党内教育，将全面从严治党作为党的德育工作的重中之重。关于德育的主渠道，习近平站在培养担当民族复兴大任的时代新人的战略高度，将全面加强和改进高校思想政治工作作为主渠道，作出一系列重要部署。习近平德育思想是新时代加强和改进党的德育工作的科学指南，也为智慧德育的提出奠定了重要思想基础。

二、中国传统智慧德育之源

中国传统文化是一个博大精深的体系。在数千年源远流长的文化发展史上，我国逐渐形成了久远而深厚的重"德"传统。中国传统文化在如下方面为智慧德育提供了重要的思想来源。

1. 中国传统文化具有关注人生、重视道德修养与人格完善的价值取向，这为智慧德育提供了最重要的价值依托

绵延五千年的中华文化，其终极关怀是人生问题，积淀了丰富的人生智慧。境界说是中国人生智慧的重要特色。儒家的人生论涉及终极价值观与现实人生价值观的一致性问题，重视道德智慧，并以道德智慧成就来解

---

❶ 李杨，李康平. 习近平德育思想探究［J］. 思想理论教育导刊，2018（4）：20.
❷ 习近平谈治国理政：第1卷［M］. 北京：外文出版社，2018：153.

释人生价值。但儒家所追求的道德智慧并不仅仅局限在道德境界之中，而是要超越道德，达到天人合一的真善美的自由境界。也就是说，儒家追求道德人格达成和天人合一，其最高境界是真善美和谐统一的完满人生。道家所追求的人生境界是艺术天地，是逍遥与洒脱。其中，老子的人生境界是自然无为，庄子的人生境界是自由。这种自由，超越一切依赖和束缚，是精神的超越和无限的自由。佛家所追求的是超绝的宗教境界，是内在精神的充实、和谐、圆融与永恒，是真善美的自由境界。佛家主张通过各种修行方法，使心灵不断净化，趋向于"涅槃"境界。中国传统德育理论是关于生命的学问、关于人性潜能的发挥和道德人格达成问题，具有浓厚的人情味和生活情趣。

中国传统文化重视道德修养，具有道德至上的价值取向。其价值体系主要包括义利关系、群己关系等内容。在传统文化价值体系中，义利关系是一种道德与物质"鱼与熊掌不可兼得"的两难选择，重义而轻利是其基本价值取向。在群己观方面，其基本特征是"群体本位"，认为群体的意义是第一位的和决定性的。

中国传统文化重视人格完善，重视效法圣贤，"内圣外王"则是理想的人格境界。著名学者章士钊认为，中国人有一种根深蒂固的圣贤崇拜心态。"内圣外王"是理想人格的极致。所谓"内圣"，就是从自我做起，追求自我道德的完善与崇高。所谓"外王"，就是力求有所成就，为社会和他人带来积极的改变，乃至于建功立业。"内圣"强调主体心性，"外王"侧重社会政治教化，两者和谐统一，构成中国传统社会的人格目标。

2. 中国传统文化中丰富的道德智慧资源，为智慧德育理论建构提供了重要的内容来源

在中国传统文化中有着丰富的道德智慧资源。儒家、道家、法家等都对道德智慧的真谛进行了精辟的论述。如儒家的中庸智慧。孔子说"中庸之为德也，其至矣乎，民鲜久矣"，《中庸》中也说"极高明而道中庸"，都视中庸为"至""极"意义的准则。中庸的要点是"用中"，人们应自觉看到事物的方方面面，注意以对立的方面互济。基于此，儒家主张以调和天下之美德于一身为

能事,诸如仁且智、文与质、温而厉、辩且讷、勇又怯等,融合对立的品质于一体。可见,中国传统文化蕴含着丰富的生活智慧,引导人们合理地进行道德生活。中国传统德育关怀现实人生,维护现实生活秩序,把对人的生活秩序与生命意义的关注融为一体,重视培养人对现实人生的积极态度。如儒家即以积极入世著称,孔子就是这样的人格典范,"知其不可为而为之"。中国传统德育强调追求事功,"三不朽"的人生理想、"内圣外王"的价值追求都是其表现。这对今天智慧德育实施具有重要启发。而中华民族在儒家文化的熏陶下形成和积淀了一系列优秀的传统美德资源,更是直接为智慧德育提供了重要的内容资源。具体来说,形成了以仁爱为核心的一系列德性规范,诸如孝敬父母、尊师重道、谦虚礼貌、勤劳节俭、诚实守信、团结友爱、敬业尽责、自强不息、见利思义、清正廉洁、爱国爱民、天下为公等。再如自强不息、厚德载物的进取精神和博大胸怀;"先天下之忧而忧,后天下之乐而乐""天下兴亡,匹夫有责"的责任感和使命感;"杀身成仁""舍生取义"的道德气节追求;"富贵不能淫,贫贱不能移,威武不能屈"的人格操守,等等。❶ 几千年来,这些美德已成为中华民族一以贯之的德性追求。

3. 中国传统德育重视内省自察、躬行实践等教育方法,成为智慧德育实施的重要方法资源

中国传统德育形成了一系列独特的道德教育与修养方法,可以为智慧德育实施提供重要的方法资源。

一是"忠恕之道"的道德教育法。"忠恕之道"是儒家伦理道德的基本要求,也是儒家的一项基本道德教育方法。"忠恕之道"意思是说,人们在做任何事情时,都不能以自我为中心衡量周围的一切,而必须考虑到别人的愿望和要求,不损害别人的正当利益。它包含着两个相互联系而又逐层递进的要求,从消极方面讲,就是"己所不欲,勿施于人";从积极方面讲,就是"己欲立而立人,己欲达而达人"。前者是要求人们能够将心比心,对于不愿别人损害自己的思想和行为,自己也不应当以这种思想和行为去损害别

---

❶ 孙慧玲. 荀子的荣辱观及其现代启示 [J]. 理论探索,2007(1):24.

人；后者是要求人们能够视人如己，由自己之心去理解、推知他人之心，去积极地利人、助人。在两者之中，"己所不欲，勿施于人"是基本的要求，而"己欲立而立人，己欲达而达人"则是更高层次的要求。这种以人度己和以己度人的道德教育方法，无疑对智慧德育有积极作用。

二是"内省""慎独"的道德修养方法。中国传统德育向内用力的特征十分明显，重视个人的自我修养，强调"内省""慎独"的道德修养方法。孔子讲克己内省、改过迁善，孟子讲持志养气、反求诸己，朱熹讲存养省察，陆九渊讲切己自反、道不外索。所谓"内省"，就是说要时刻用道德标准来检查、对照自己的行为，看看是否合乎社会道德规范，知过即改，不断调节自我行为，从而强化自己的道德意识和伦理人格。荀子同样重视道德修养，还把"慎独"作为一种重要的修身方法。所谓"慎独"，就是不因他人监督而行善，亦不因无人监督而作恶。智慧德育强调个体道德智慧的达成，"内省""慎独"的道德修养方法是智慧德育的重要资源。

三是礼乐结合的道德教育法。古人将"礼教"与"乐教"并称，并结合运用。礼教即礼仪文化，因其重视名分，又称名教，其本质功能是维护人际关系和社会结构的稳定，就其所发挥的作用而言，大致相当于现代的德育。乐教即音乐教育，相当于现代的美育。早在传说中的尧舜时代乐教即已存在，但应该提及的是，古代并不存在独立的音乐教育，而侧重于音乐的教化作用，培养、熏陶人的感情。中国文化的核心是"礼"，而"礼"中有"乐"，主张把礼教融于情感教育的乐教之中。因此，中国传统文化有礼乐文化之称。而礼乐统一的基础是仁。仁成为贯通礼乐的桥梁。礼乐结合、礼乐教化给智慧德育提供了重要方法启示。

四是躬行实践的道德践履法。我国古代伦理思想家一贯重视道德知识与道德实践之间的关系问题，重视知行合一、躬行实践，强调亲身去践履道德知识，在身体力行中提升道德智慧水平，达成对宇宙和人生的觉解。孔子提出"学""思""习""行"学习法，强调"习""行"在学习过程中的作用。"习"即温习与重复，孔子强调对认知的巩固以达到融会贯通之目的，他曾说"学而时习之，不亦说乎？""行"即亲身践行。孔子重视实践、躬行，他强调"听其言而观其行"。他强调言行必须一致。他说："诵《诗》

三百，授之以政，不达；使于四方，不能专对；虽多，亦奚以为？"（《论语·子路》）朱熹是我国传统德育方法集大成者，提出"践履躬行"的德育方法。他说："穷理以致其知，反躬以践其实。"（《四书章句集注》）明代思想家王阳明明确提出，人们的道德理论、道德知识必须与自己的道德行为相一致，"知而未行，只是未知"，反对道德知识与道德行为相脱离，主张"知行合一"。知行合一、躬行实践的道德践履观点对于智慧德育具有重要启发。

应该指出的是，尽管我国传统文化中有着丰富的智慧德育资源，但不少见解还停留在哲学领域，具有一定的模糊性、神秘性和不可操作性，其智慧的光辉还有待进一步梳理和挖掘。

三、西方智慧德育思想探源

西方德育思想极为丰富。从古希腊罗马时期开始，到欧洲中世纪时代和文艺复兴时期，直到近现代资本主义时期，众多思想家提出了与其哲学、社会学、政治学、伦理学等紧密联系的德育思想。这些思想呈现出区别于东方文明的鲜明特征，也在多方面为智慧德育提供了重要的思想来源。

1. 重视个性发展和个性品格形成的德育传统

重视人的个性发展和个性品格的形成，是西方社会的重要传统。西方个人本体论的基础是个人至上哲学，即在个人与整体的关系中，突出个人自由和个人权利，认为个人大于整体，提倡个性解放，追求个人享受和完善个人人格。西方人认为个人本身就是目的，具有最高价值，而社会只是个人的集合，社会只是为个人而存在，只是达到个人目的的手段。古希腊智者派的著名代表普罗塔哥拉提出的"人是万物的尺度"的论断，成为后来西方人强调主体能动作用的开端，也导致了后来个人主义、主观主义、相对主义的发展。在古希腊重要作品《荷马史诗》中就肯定了个性的价值，凸显英雄人物个人的力量、智慧、信念和欲望。养成英雄的性格品质，是古希腊许多城邦对青年进行品德教育的目的。古希腊罗马时期，对德育较为关注，当时曾将"如何使个人成为肉体与心灵和谐统一的道德人"作为伦理学重要议题。中世纪的神学统治盛行，当时人性被极大地压抑，然而文艺复兴时期的思想家们向宗教的蒙昧统治发起了猛攻，他们高喊"个性解放"的口号，开启了西方争取人的独立地位的艰辛而卓有成效的历程。在道德教育方面，强烈倡导摆脱宗教神学的羁绊，开始用新的道德观教育人们，提出了自由、平等的资产阶级新人教育。此后，这一个人主义德育传统不断得到巩固。18世纪末，康德提出："在任何时候都要把你自己的人性和其他人的人性同样看作是目的，绝不能看作是手段。"19世纪以后乃至当代的哲学家，进一步提出"自由意志"的观念，甚至走向极端。19世纪德国的叔本华和尼采提出了"唯意志论"的世界观和人生观；20世纪存在主义理论的主要代表萨特更提出"人是自由的，人就是自由"的"绝对自由"论。与这种强调人的独立地位的传统相适应，在德育方面，西方历来重视人的个性品质的培养。古希腊哲学家提出的"四主德"，即智慧、勇敢、节制、正义品德的教育，奠定了后世西方德育内容的基础；17世纪捷克大教育家夸美纽斯把这四种品德称为主要和基本的德行加以论述；英国的洛克认为，培养"绅士"，理智、意志力、勇敢、坚韧性等是不可忽视的品性，除此之外也包括心地善良、诚实、谙熟礼仪等；18世纪法国启蒙思想家卢梭倡导培育具有独立人格、勇敢顽强、善于独立生存的新人。总之，独立顽强、智慧灵敏、坚韧不拔、勇敢进取等个性品质及社会适应性、个人生存能力的培养成为西方道德教育的基调。❶

值得注意的是，在西方，个人自由并不只意味着个人可以任意选择，拥有设定自己目标的权利，它还意味着个人必须为自己的选择负责，不能推卸责任给环境或别人。在西方人看来，恰是因为个人有自由意志，任何人才不能推卸自己的责任。真正的责任心，就是首先要对自己负责而不是对国家、民族负责。

2.西方源远流长的实践智慧思想理论传统

实践智慧是亚里士多德关于人的德性的一个内容。在古希腊哲人中，亚

---

❶ 李申申.中西方德育思想比较概论［J］.河南大学学报（社会科学版），1994（5）：28-33.

里士多德对"德性"的研究和论述最为系统。《尼各马科伦理学》是亚里士多德对德性展开系统论述的哲学著作。德性可泛指一切事物的优越性，就狭义而言，德性被界定为人的受称赞的品质。在《尼各马科伦理学》中，亚里士多德提出，人的德性由理智德性和伦理（道德）德性两部分构成。其中，理智德性又可以区分为理论智慧、理解和实践智慧。伦理德性涵盖着慷慨与节制等品质。亚里士多德尤为重视实践智慧的价值，他提出"实践智慧才是德性之善"的重要论断。有三种知识与智慧相连，即认识、技术和实践智慧。这里，实践智慧既区别于理论智慧，也不同于制作智慧。亚里士多德认为，德性的获得不仅需要知识，更要养成习惯。理智德性可以通过他人的言传身教而获得；而伦理德性则重在习惯养成。但两者并不能等量齐观，其中理智居统领地位。理智德性在全部的伦理德性活动中必不可少，须臾不可缺席。这种实践活动中的智慧，就是明智，明智即实践智慧。亚里士多德试图以理智德性贯通伦理德性。麦金太尔在追溯以亚里士多德为中心的德性传统的同时提出了他自己的现代德性论。❶他在评价亚里士多德的德性论时，认为亚里士多德的德目表中的核心德性是理智德性。理智德性是通过教育获得的。在这里，我们可以看出，亚里士多德的道德智慧在于他将理智德性和伦理德性融会贯通，开启了西方伦理学的重要方向。亚里士多德认为，智慧与善是一致的。一个人如果不能认识到智慧是善的，他就不可能有理智道德。尽管如此，亚里士多德的德性概念还是倾向于用知解理性的方法来理解德性。

西方的实践智慧是与道德紧密联系的。在康德那里，实践能力同样指向有德性的活动。康德说："我们终究被赋予了理性，作为实践能力，亦即作为一种能够给予意志以影响力的能力，所以它的真正使命，并不是去产生完成他意图的工具，而是去产生在其自身就是善良的意志。"❷

---

❶ 刘峰. 德性的复归与出路——麦金太尔德性视域中的亚里士多德［J］. 甘肃理论学刊，2010（5）：104.

❷ 康德. 道德形而上学原理［M］. 上海：上海人民出版社，1986：45.

3. 提倡快乐、幸福的人生观和享受物质利益的合理性

快乐、幸福的人生观和提倡享受物质利益的合理性是西方传统德育的价值取向。古希腊的伊壁鸠鲁奠定了这种价值观。德谟克利特认为人的生活目的就是追求幸福。要想得到幸福，必须具备好的品德。他强调道德教育与道德修养的必要性和重要性，认为"罪恶的原因在于对美好的事物的无知" ❶。亚里士多德也倡导通过追求善来实现幸福。在亚里士多德看来，人类的一切活动都是追求善的，善是人作为一个种类所特有的，人类拥有了善，就拥有了幸福。善是人所过的全部最好的生活。"而在这种生活中，德性的践行是其必要的和中心的部分。" ❷ 在亚里士多德看来，德性与幸福是统一的。"最大的幸福也就是最高的善。" ❸ "幸福是合乎德性的实现活动。" ❹ 这样一来，德性的成长与人的自我实现成为同一的过程。值得注意的是，从古希腊的伊壁鸠鲁到近代的资产阶级思想家，在极力倡导个人幸福的同时，又反对欲望泛滥，他们呼吁平衡个人利益、大多数人的利益和社会利益之间的关系，否定片面追求个人的幸福。现代资产阶级的一些代表人物则走向极端，把个人的存在与社会、他人相对立，宣扬极端个人主义、享乐至上，宣扬消极、腐朽的人生哲学。

4. 注重理论研究的实践性的理性主义德育传统

由于西方文化是科学优先的"智性文化"，自然哲学是西方德育的基础，这使得西方具有尚智轻德的传统。德育理论凸显道德知识的掌握。西方思想家往往从知识的角度，即用观察、分析、推理和实证研究的方式来解读德性，将德性看作知性。例如，道德教育的鼻祖苏格拉底就是从知识的态度出发来解读德性。"知识即美德""德性就是知识"都是这一理解的生动体现。"产婆术"是苏格拉底的重要教育方法，他通过与受教育者进行层层深入的

---

❶ 北京大学哲学系外国哲学史教研室. 古希腊罗马哲学 [M]. 北京：商务印书馆，1961：110.

❷ 麦金太尔. 德性之后 [M]. 北京：中国社会科学出版社，1997，译者前言：15.

❸ 亚里士多德. 尼各马科伦理学 [M]. 北京：中国社会科学出版社，1999，译序：3.

❹ 亚里士多德. 尼各马科伦理学 [M]. 北京：中国社会科学出版社，1999，译序：14.

对话来激发受教育者深入体会关于善的知识。透过知识来追求善，是知识的最高源泉。苏格拉底是基于"无知的觉悟"来追求真知的，是主张凭借知识来求取德性的。20世纪80年代以前，认知取向的道德教育思想广为流行，并居主导地位。西方价值观念坚持一种科学化的理性分析，重视知识，推崇理性，弘扬科学，热爱真理。

5. 基于不同理论基础的多种学校德育模式

在长期发展中，西方涌现出一批重要的德育思想家，他们的德育学说有着不同的理论基础和理论侧重点，从不同角度揭示出德育的规律性，形成了不同的德育模式。这些德育模式对于智慧德育的实践探索具有重要启发。其中道德认知发展理论、多元智能理论及价值澄清理论影响较大。美国哈佛大学心理学教授科尔伯格提出了著名的"道德认知发展理论"。基于"个人—社会"的道德发展相互作用论，科尔伯格反对传统道德教育那种"美德袋"式的品德教育方法，认为这种灌输方法无视教育由内而外的生长和发展，忽视了个体自我教育的作用。科尔伯格的道德认知发展学说重视认知发展在道德发展中的重要地位，将其作为认知发展的重要组成部分，而道德认知的发展又与道德判断力和逻辑思维力的发展息息相关，因此，理性与道德思维共同成为科尔伯格道德教育的基础。科尔伯格重视道德判断、道德选择、道德思维表征、自我意识等道德理性精神能力的发展，具有极其强烈的理性主义和分析道德思维特征。

美国心理发展学家加德纳在1983年提出"多元智力理论"，打破了长久以来人类将智力能力单一化的看法，也颠覆了唯科学主义、唯理性主义的道德理论，并在实际上涉及"道德智慧"的概念。加德纳的多元智力包括言语智力、逻辑—数学智力、视觉空间智力、音乐智力、身体—动觉智力、人际智力、自知智力、自然探索智力和存在智力等多重智力成分。在加德纳的智力结构中，人际智力即人际智慧，无疑涉及人与人之间关系处理过程中对他人情感、态度的感受和反应，关涉道德；自知智力，是对个人的反思和理解，同样关涉道德。因此，加德纳关于多元智力结构的理论分析，标志着非功利主义的、超越理性主义西方的道德心理学之肇始。

　　价值澄清理论流行于 20 世纪六七十年代，对美国乃至西方的德育理论和实践都产生了重要的影响。这派学说是作为对现代西方社会复杂多变带来的人们思想混乱和学校德育工作困难作出反应而产生的，它批判传统道德教育的灌输和单纯内容的教授，强调个人价值选择的自由，将教育的重点放在价值澄清的过程上。❶ 它的形成主要是依靠实践和归纳的方法，强调通过分析和评价的手段，帮助人们减少价值混乱、促进同一价值观的形成，并有效地发展学生思考和理解价值观的能力。有人做过一个形象的比喻，他将道德教育比喻为人维持生命不可缺少的"盐"，价值澄清理论所倡导的德育实践好比把盐溶解在海鲜汤里，让学生有滋有味地喝下去；而纯粹的理论灌输式德育则好比直接把盐用勺子喂到学生的嘴里。这一比喻虽未必完全恰当，却值得深思。实际上，价值澄清理论重视启发和引导，在反对死板说教和灌输的方面具有积极意义。另外，价值澄清理论过于贬抑道德认知及道德知识传授的意义，忽视和否定了德育内容的重要性，是存在理论偏颇的。

---

❶ 赵野田. 价值澄清理论的合理性与局限性探析［J］. 外国教育研究，2010（8）：53.

第三章 智慧德育的含义及特征

第一节　智慧德育的基本内涵

德育不应是道德规训的简单灌输，也不应忽视个体的发展诉求而片面恪守社会本位。德育应当观照个体道德智慧发展，将提升人的道德智慧、实现人的智慧生存作为自己的重要取向。只有这样，德育的发展才能够重新焕发生机与活力。智慧德育的提出，即意在通过智慧理念与德育的有机结合，为德育发展提供新的可能性和新的思路。智慧是智慧德育的核心概念。要完整把握智慧德育的内涵，首先把握智慧的深层次内涵及其特性。鉴于智慧与知识的"孪生兄弟"关系，这里侧重从对知识与智慧这对概念关系的探讨出发来明晰智慧的内涵。

一、智慧与知识

"智慧"在中国是一个古老的话语。早在春秋战国时期，百家争鸣中就已有相关探讨。孟子曾言："虽有智慧，不如乘势；虽有镃基，不如待时。"（《孟子·公孙丑上》）在《辞海》中，将"智"解释为聪明、智慧、智谋等，将"慧"解释为智慧、聪明、狡黠等；《辞海》把智慧与智力等同看待："智力，通常叫智慧，是指人认识客观事物并运用知识解决实际问题的能力。"这揭示了智慧的最一般特征，即智慧以智力为基础，是人对事物认识、辨析、判断处理和发明创造的能力。但"智慧"概念所包含的内容要比单纯的"智力"更为广泛和深刻。❶在历史上，许多哲学家和思想家都曾试图对智慧加以诠释。如古希腊哲学家亚里士多德认为，智慧由普遍认识产生，不由个别认识得来。智慧有广义与狭义的区分，"广义上它用之于一切最完满的德性，最娴熟的技术、最精确的科学都称之为智慧"❷。亚里士多德还据此将智慧区分为思辨智慧和实践智慧。

在人类历史发展的长河中，智慧与知识常常相伴而行。智慧与知识的关系是一个重要的哲学问题。在西方，哲学自古被认为是"爱智慧"的学问，真正的哲学本身就是最高的智慧。早在古希腊时期，哲学家被称为"Philosophers"，即智者或爱智者，以区别于那种拥有专门知识而自以为是的人。"哲学"就是"爱智慧"。智慧不是小聪明和小技巧，它指称着宇宙自然和社会人生之最深邃、最根本的奥秘，标志的是一个至高无上、永恒无限的理想境界，是人们向往和追求的目标。在古希腊，哲学又被认为是"关于一切知识的知识"，即知识的最高领域，可见，古希腊哲学中的知识，包括和指向着智慧，保持着一种"质朴的智慧品质"。

近代以来，知识与智慧逐渐发生分离。这有着极为深刻的社会根源，"这就是社会的近代化所要求的普遍工具意义上的理性化、知识化以及随之而来的工具理性过度膨胀所导致的日益严重的价值失落"❸。在这一背景下，哲学家们纷纷把化解理智与情义、科学与人文、工具理性与价值理性的紧张关系作为自己的研究旨趣。

我国近现代哲学家金岳霖先生和当代哲学家冯契先生，在研究"知识与智慧"问题方面都有极高的造诣，他们深刻地揭示了近代以来知识与智慧的二元对峙，并根据西方的"理"和东方的"道"及"名言之域"与"超

---

❶ 黄富峰，张春荣. 论道德教育的目的：道德智慧［J］. 聊城大学学报（社会科学版），2006（1）：87.

❷ 亚里士多德. 尼各马科伦理学［M］. 北京：中国社会科学出版社，1999：128.

❸ 陈晓龙. 知识与智慧——金岳霖哲学研究［M］. 北京：高等教育出版社，1997：2.

名言之域"的区分，提出了关于知识与智慧如何摒弃对立、实现融通的重要思想。

金岳霖先生对知识与智慧关系的论述起于其对知识论与元学的区分。他认为，知识论是只讲可信即实证知识的领域，而元学不能如此，它要求情感的满足。金岳霖在《论道·绪论》中指出："知识的对象是形而下的'理'的世界，它的裁判者是理智；因此，研究知识论可以暂时忘记我是人，用客观、冷静的态度去研究。与此相反，元学或玄学的对象是形而上学的'道'的世界，它的裁判者是整个人；所以，元学的研究不能脱离'自我'这个精神主体，不能忘怀'天地与我并生，万物与我为一''天人合一'的境界。同时在研究结果上不仅要求得到理智的了解，而且要达到情感的满足，并最终使元学之'道'臻至人生的最高境界，成为能够动心、怡情、养生的智慧学说。"[1]

冯契是金岳霖先生的弟子，他敏锐地意识到金岳霖提出的问题实际上是知识与智慧的关系问题。冯契并不赞同金岳霖先生对元学与知识论态度的区分，他认为，金岳霖先生用划分不同领域的办法把知识与智慧割裂开来，这样就难以找到由知识到智慧的桥梁，也无法解决科学和人生脱节的问题。在此基础上，冯契先生提出了著名的智慧学说。

冯契在其智慧学说中首先将知识与智慧进行了具体的区分。知识被理解为运用范畴以命题形式把握的"事"和"理"，它所注重的是有分别的领域，就其内容而言，强调"分开来说"的思想，其对象是分别把握的现实，它可以用名言来把握。与知识不同，智慧是关于宇宙人生根本原理的领悟，它的目标是求穷通，亦即宇宙万物的第一因和人生的最高境界，揭示贯穿于自然、人生之中无不通、无不由的道，并进而会通天人，达到与天地合其德的自由境界。[2]前者重在分析抽象，以发现事实的条理性为目标；后者重在综合，意在把握整体，综合融通，达至天地物我浑然同一的境界。冯契认为，人类的认识以获得智慧及自由为目的，他在对中国传统文化关于智慧的理解

---

❶　金岳霖. 金岳霖文集：第2卷［M］. 兰州：甘肃人民出版社，1995：157.
❷　王向清，李伏清. 冯契"智慧"说探析·序［M］. 北京：人民出版社，2012：4.

进行扬弃的基础上提出，智慧是经由对知识的超越而趋向个体的"自由德性"和"理想人格"。他将马克思主义哲学和中国传统哲学相结合，力图克服科学主义与人文主义的矛盾，克服科学与人生、知识与智慧的脱节，使知识发展成为智慧。冯契的"智慧"说提出了两个著名的命题，这就是"化理论为方法，化理论为德性"。从这两个命题可以初步得出，在冯契看来，智慧与理论知识相关，但又不局限于理论，一则智慧涉及处理事务的实践层面，包含着将理论知识转化为处理人生事务之方法的能力；二则智慧与"德性"有关，包含着运用理论来提高思想觉悟的内涵。

冯契在区分知识与智慧的基础上，还揭示了从知识向智慧飞跃的可能性。冯契的广义认识论即智慧说论述了认识过程的两个飞跃，即根源于实践的人类认识活动经历从无知到知（知识）的飞跃和从知识到智慧的飞跃。从无知到知的飞跃，就是知识层面的认识形成过程。而从知识向智慧的飞跃则是有限向无限、名言之域向超名言之域的飞跃。冯契借用了佛教中的"转识成智"一词。"转识成智"源自佛教唯识学的成佛理论，在这一成佛理论中，成佛的途径被称为"转识成智"，即将世俗的心识转化为超越的智慧。冯契用"转识成智"来概括从知识到智慧的飞跃，并把它作为建构智慧学说的最基本命题。冯契认为，个体由知识到智慧的飞跃集中体现为连续性的中断和顿然实现的感觉。侧重于分析的知识相加不等于智慧，"把部分相加不等于整体，只有通过飞跃，才能顿然地全面、具体把握关于整体的认识"❶。这就是说，知识只有通过飞跃才能转化为智慧。冯契所建构的智慧学说，不仅透析了知识为什么可以转化为智慧，而且勾勒出知识转化为智慧的机制，即理性直觉、辩证综合和德性自证，这架起了从知识通向智慧的桥梁，也成为今天我们理解智慧问题的基本出发点。

以上哲学关于智慧的探讨框定了智慧的基本内涵，在此基础上，教育学、心理学等诸多领域也结合本领域的研究特点对智慧进行了阐释。但到目前为止，还没有一个关于智慧的终结性定义。综合比对各家观点，本书倾向于认为，智慧是个体在一定的社会文化心理背景下，在知识、经验习得的基础上，

---

❶ 冯契. 冯契文集：第一卷［M］. 上海：华东师范大学出版社，1996：419.

在知性、理性、情感、实践等多个层面上生发，在教育过程和人生历练中形成的应对社会、自然和人生的一种综合能力系统。它是人洞察宇宙和社会人生的自觉和自由，是每个个体安身立命、直面生活的一种品质、状态和境界。

二、智慧与德育的契合

智慧与德育的关系，首要的是智慧与道德的密切关系。关于智慧与道德之间的关系，自古以来，主要存在三种不同的观点。第一种是智德二元论观点。一些西方道德心理学家持这种观点，人为地在"真"与"善"之间制造了真与善二元对立的鸿沟。第二种是智德合一论观点。❶古希腊哲学家苏格拉底提出"智慧即美德"命题。中国的圣贤先哲大多是德智合一论者。中国传统文化中的智慧是指道德智慧，而不是科学智慧。智德合一即仁智合一，是中国传统道德智慧的核心内涵。正如张岱年所说，中国思想家总认为致知和修养乃不可分；宇宙真际的探求，与人生至善之达到，是一事两面。穷理即尽性，崇德亦即致知。第三种是智德融通论观点。如亚里士多德认为，真正的智慧需要有某种善在它的拥有者里。麦金太尔认为，核心的德性是智慧，指那些在特殊场合知道怎样下判断的人。本书更贴近于智德融通论观点。笔者认为，智慧与道德既有联系又有区别。第一，智慧内蕴着德性、道德的意涵。道德作为人类文明发展的重要成果，其发展状况在很大程度上表征着人类的智慧水平。但智慧不等同于德性、道德。智慧并不局限于"德性"范畴，它涵容着诸如理智智慧、情感智慧、道德智慧等多个层面。其中，道德智慧是智慧的其中应有之义。第二，道德、德性不等于智慧。有些有道德的人是基于一系列道德规训的恪守，并不是基于对世事人生的洞察，如自古以来一系列愚忠愚孝之人。尽管这些人在行为表现上符合道德标准，也可以说是拥有道德的，但他们却并未真正拥有智慧。第三，道德、德性是智慧的核心要件。在中国传统文化中，十分强调这一点。一个远离道德的人是不

---

❶ 吴安春. 回归道德智慧——转型期的道德教育与教师［M］. 北京：教育科学出版社，2004：30.

能被认为拥有智慧的。第四，智慧能增进人的德性与道德。一个人的道德素质更多地取决于人生智慧，而非意识形态；换句话说，真正决定道德素养的是一个人的智慧水平，特别是人生智慧。美德的真正源泉是智慧，即一种开阔的人生觉悟。由此可见，智慧与道德紧密关联。智慧与道德之间的密切联系，是智慧德育理论构建的重要基石。

三、智慧德育的基本内涵

基于道德与智慧的重要关联，本书提出智慧德育这一概念。所谓智慧德育，是一种德育理念和德育模式，它以提升受教育者的道德智慧为基本价值诉求，指向教育者深谙德育规律、灵活驾驭德育过程，与受教育者共同实现智慧生存的一种德育品质、状态和境界。把握智慧德育的基本内涵，要注意以下几方面。

第一，智慧德育是一种德育理念和德育模式。德育理念是德育模式的灵魂。智慧德育首先体现为一种特定德育理念，而这种德育理念必然要求以特定的德育模式来具体实行。智慧德育模式体现在以智慧德育理念为指导的包括德育目的、德育内容、德育过程、德育方法、德育价值、德育环境、德育管理和德育评价等在内的系统德育框架中，并通过教育者的德育行为得以实现。

第二，智慧德育的目标是提升受教育者的道德智慧。所谓道德智慧，是指个体对周围关系世界的融通领悟能力，它包括知性、理性、情感和实践等多个层面，是人洞察宇宙和社会人生的自由状态，是个体安身立命、直面生活的一种品质、状态和境界。智慧德育意味着对知性德育模式的摒弃，智慧德育需要受教育者掌握一定道德知识，但这只是智慧德育的重要环节，它具有更高的要求，力图使受教育者达到一种心灵觉悟状态。

第三，智慧德育是一种实践智慧。它体现为教育者在德育实践中形成的一种创造性的综合教育能力和教育艺术。教育不是一成不变的流水线作业，不是一种简单的机械行为。教育是一种发生在独特情境下的实践行为，是一个活泼灵动的过程。在德育过程中，经常会出现一些新变化和突发性情况，要求拥有教育机智，具有在复杂、微妙的教育情境中迅速且恰当地采取行动的能力。教育者能否敏锐洞悉和机智应对，体现着教育者的实践智慧状况。智慧德育是德育的一种自由境界，表现为教育者对于德育过程的规律性把握、创造性驾驭和深刻洞悉、敏锐反应及灵活机智应对的综合能力，表征着教育者在教育生涯中的知性、理性、情感、行动等方面所生发出来的一种综合智能。智慧德育标志着教育者的工作进入科学和艺术相结合的境界。

第二节　智慧德育的基本特征

智慧德育作为一种德育理念和德育模式，具有以下几方面特征。

一、富有张力的德育目的

德育作为人类重要的自觉实践，其结果应当是预设性的，这就涉及德育目的问题。德育目的是对受教育者未来道德面貌的设想或期望，即预期在道德上受过教育的人究竟应该是什么样的，这是德育理论的基本问题。我国现行德育目的基本上是由国家决定和颁布的。德育目的较多地体现了国家主导的意识形态，存在着德育政治化倾向。从总体上看，我国德育目的对个人生活幸福与德育的关系强调不够，仍然是以社会本位为主的德育目的。如果德育目的缺少个人存在，这一目标就很难真正实现。我国德育目的对独立的价值思考和批判能力的强调仍然不够。现行德育目的值得教育工作者进行深刻反思。

智慧德育基于对现实德育问题的深刻反思，在德育目的设定方面，强调德育目的的设定要具有一定的张力。具体来说，智慧德育目的设定应遵循以下三大原则。

一是社会本位与个人本位的统一原则。社会本位德育倾向于从社会利益出发来界定德育目的。近现代教育史上持社会本位德育理论的学者非常多见。

如法国教育社会学家涂尔干和德国教育家凯兴斯泰纳等人的德育理论就属于此类。涂尔干指出："道德的目的即是社会的目的。合乎道德地行动就是为着集体的利益去行动……道德的出发点正是社会的出发点。"❶社会本位德育理论确定了道德教育在个体道德社会化方面的重要使命，但其缺陷也比较明显，很容易导致道德教育过程中对个体的控制和对个性的抹杀。相对于社会本位德育，个人本位德育主张尊重受教育者的道德本性和道德需要，将德育目的设定为提升个体的生存价值和生命质量，从而促使其成长为自主、自由的道德主体。卢梭、杜威及许多现当代教育家皆秉持个人本位立场。卢梭在其著作《爱弥儿》中明确倡导："德育的目的在于使人成为自主自治的人。"❷个体本位德育具有反对强制灌输的意义，但其对个人强调过多，容易引起德育中的相对主义。德育目的理应反映个人的道德需要，但完全脱离社会整体利益来探讨个人的道德需要必将把道德教育引入歧途。因此，智慧德育强调坚持社会本位与个人本位相统一原则。而在中国现行德育过于强调社会本位的现实状况下，必然会更多地强调德育观照个体智慧和个性发展的教育目的。

二是外在目的与内在目的相统一原则。内在的德育目的强调德育在于德性修养本身。正如《大学》所言："自天子以至于庶人，壹是皆以修身为本。"但德育的目的不能仅仅局限于内在的目的。因为德育的产生即基于协调群体内部成员关系的需要，"修身"的一个成果就在于正确处理人际关系。因此，德育还应具有协调人际关系及贡献社会与他人的外在目的。如中国古代教育在强调修身的同时，始终强调"治国平天下"的目的。这一外在的德育目的比较强调德育的外在功利效果。德育外在目的论在历史上长期存在，并一直延续至今。许多国家的德育目的往往都是从国家对公民的道德要求出发确定的。德育强调国家和社会的立场具有一定的合理性，但若德育只有外在目的，这一目的将很难实现。例如，一些人在口头上讲许多政治大道理，但是行动上却问题重重，这显然是德育的病态表现。为此，智慧德育在目的设定上主张实现外在目的与内在目的相统一的原则，在现行德育外在目的论压

---

❶　DURKHEIM E. Moral education: A study in the theory and application of sociology of education[M]. New York: Free Press, 1961: 59-60.

❷　卢梭. 爱弥儿[M]. 北京：商务印书馆，1978：306.

倒一切的情况下，智慧德育将更加强调德育服务于个体"修身"和智慧发展的目的。

三是理想性与现实性相统一原则。德育目的作为对德育结果的预设，理应具有超越的性质，但是超越的程度却可以有所不同。由此便形成了德育目的界定上的理想性与现实性的区分。中国古代德育长期以圣贤人格的养成为最终理想。理想性德育目的论在受教育者人格提升方面具有引领作用，但理想性德育目的若无视现实诉求，不适时地与现实德育目的相结合，往往容易导致难以践行和实现。现实性德育目的则将观照受教育者的现实社会生活作为基本价值取向。如德国教育家裴斯泰洛齐认为，德育的目的在于养成独立、自主、善行、牺牲、慈爱等基本德性。然而，德育不该在现实面前放弃对理想的追求。如果德育过分固守于现实性，将会不可避免地导向庸俗化的不良后果。因此，智慧德育目的倡导理想性与现实性相统一原则，一方面，智慧德育不能放弃用理想提升个体的要义；另一方面，也不能变得过于可望而不可即。

总之，智慧德育在教育目的方面，力图避免一点论的偏失，而使德育目的富有张力，在实现社会本位与个人本位的统一、外在目的与内在目的相统一及理想性与现实性相统一这三大原则基础上，指导人们过一种有意义的道德生活，让人们的生活具有较高的道德品位和崇高的道德境界，在此基础上，更好地实现国家社会的和谐发展。

二、观照智慧的德育内容

德育内容是德育活动所要传授的具体道德价值与道德规范及其体系。❶从历史的角度看，人类社会不同阶段的德育在内容方面具有不同的特点。在古代社会，道德教育、道德法则具有浓厚的等级色彩，并且导致了内容呈现形式上的绝对灌输特色。资本主义产生以来，学校德育内容变化显著，自由、平等、博爱等道德观念开始融入德育内容，而商品经济、市场经济的发

---

❶　檀传宝. 德育原理［M］. 北京：北京师范大学出版社，2007：159.

展，也推动道德教育强化了自强、诚信、效率、开放与宽容等价值观念。与此同时，学校德育更为强调自主道德和理性能力，更加尊重道德学习者的主体性努力。但是，受中国古代社会的专制文化传统、近代以来独特的救亡图存历史及中华人民共和国成立后"后发"现代化国家的发展局限，加之市场经济起步较晚，直至今天，德育发展仍呈现出较为浓重的传统特征。德育的知识性、规训性内容占据主导性地位，德育政治化色彩凸显，这极大地影响了德育的实际效果。

智慧德育在德育内容设置方面，要求以"智慧"为引领，合理构架德育内容。从构成角度看，现代德育内容主要包括文明习惯、基本道德、公民道德、信仰道德四个层次。智慧德育不是对现行德育内容的完全背离，而是以提升受教育者的道德智慧为旨归对现行德育内容进行扬弃。具体来说，包括三个基本要求。

一是强化道德思维和道德批判能力培养。被动接受和盲目遵从道德规训是谈不上智慧的。智慧德育所要培养的是具有较强道德思维能力和道德批判能力的社会成员，因此智慧德育要增加道德思维能力和道德批判能力内容设置。这也为当前我国德育所急需。片面强化道德规范接受而忽视其内在逻辑的揭示，无疑会对学生的价值批判能力和创造性人格的培养起到抑制作用。实际上，道德思维能力和道德批判能力培养内容应贯穿德育内容的始终。如在文明习惯教育方面，文明习惯表现为外部行为，但我们不能仅仅将文明习惯教育狭隘地理解为通过规约、强制使得个体的外部行为体现达到规范化。我们必须使文明行为与文明习惯真正成为一个有教养的人的文化修养和精神内涵的标志或表现，反映一个人的心灵或性格的特征。换句话说，文明行为与文明习惯教育应当同对个体的精神培育结合起来，通过个体道德思维能力的提升，使其文明行为成为个体道德智慧的自然行为体现。否则，一个人即使做到了行为上的彬彬有礼，能够给人有教养的印象，但实际可能是一个自私和虚伪的人。道德教育的其他内容也是如此。如集体主义教育是我国社会主义道德教育的重要内容，但是片面的集体主义教育却会妨碍个性自由、窒息个人创造性。因此，在进行集体主义教育过程中，就需要凸显道德思维和道德批判能力培养，让学生根据具体情境灵活把握集体主义价值准则的边界，采取一种积极的集体主义立场，并且与个性、个人的尊重辩证有机地结合起来。

二是凸显信仰道德在德育内容中的核心地位。智慧德育旨在使个体具有通达世事人生的智慧，达到洞察宇宙和社会人生的自由状态，因此，在内容安排上，凸显以高层次价值体系建立为目标的信仰道德在德育内容中的核心地位。信仰道德教育的中心内容是世界观和人生观教育。世界观和人生观教育实际上所要完成的是个体终极价值体系的建立。世界观是人对世界的总体看法，包括人对自身在世界整体中的地位和作用的看法。世界观在人生方面的内容就是人生观。人生观主要回答如何对待人生、度过人生和在实践中实现人生的价值问题，包括人生目的、人生态度、人生理想等方面的基本观点。人人都有人生的追求和目的。关于人为什么活着、怎样做人、怎样活着才有意义等问题，每个人都有自己的回答，都在按照自己的价值观选择自己的人生。信仰道德体系是个体道德生活最后的依托，也是道德认知和道德情感通向道德行为的一个关键环节，是道德教育和道德生活的核心问题与理性基础。

三是关注意义世界的德育内容。人是寻求意义的生物，成就人的德育不能不关注意义。人性的完善需要意义引领。但在当前的学校德育中，缺乏意义引领成为一大缺憾。在德育课程考核过程中，过于注重对道德知识的记诵或再认，仍未摆脱知性德育的偏颇。德育对于受教育者的精神家园缺乏关切，似乎忘记了受教育者作为鲜活的生命和能动的主体，其情感、人性与生命渴望的真实存在，远离对生活意义的理解。德育的知识化、表面化、外在化使受教育者时而发出"想说爱你不容易"的慨叹。智慧德育的最终目的是指导受教育者寻觅生命的精彩，过一种有意义的生活。关注意义是智慧德育的重要特征，也是提高德育实效性的重要切入点。智慧德育要求德育内容超越道德规范的外在表层含义，进入意义关涉的内在深层领域，对道德规范之上的意义范畴进行不懈追问。智慧德育坚持以人为本理念，关注人的意义世界，将"理解"作为德育的关键要素，在一个广阔的视野下对德育内容进行意义性分析与解说，使人们超越物质利益而追求真、善、美的自由境界。

此外，在德育内容表述方面，智慧德育强调要改变规则罗列的直白方式。内容表述要具有深度和美感，给人以意犹未尽之感；内容设置既忌讳空泛，又忌讳太过具体。

三、活泼灵动的德育过程

德育过程是德育活动的客观顺序或工作流程。德育是教育者有目的、有计划、有组织地施加教育影响的过程，具有鲜明的目的性。当下学校德育，在操作层面上，过于强调教育流程的高度规范化、统一化、精确化和程序化设计。特别是在德育课程教学方面，从教案设计来看，教育内容追求高度的完整和细节化，甚至教学语言如何组织、教学如何导入、新课如何进行、有哪些重要的提示语等往往都要详尽地写进教案。在教案评比中，优秀教案似乎就是事无巨细的书面呈现，一节课的教案动辄几十页。课堂教学变成了将书面的教学安排在课堂上按部就班具体展现的过程。在讨论等教学互动环节，当遇到突发状况，譬如有学生提出了预设之外的问题，而这一问题在学生中比较有代表性、需要详细解答时，教师往往踌躇于"后面内容能不能讲完"而匆匆结束。若德育课教学拘泥于教学流程的预先设计，教学用语和教学案例都要严格按照提前设定进行，甚至各环节教学用时都精确计划到分秒，这样的教学对于教师来讲，就如同一潭死水，难以泛起波澜。久而久之，教师的创造性和灵感将遭受无情扼杀。

智慧德育在过程设计方面，强调充分认识到德育的特殊性，主张以提升受教育者的道德智慧为旨归，呈现为一个活泼灵动的德育过程。具体来说，要注意以下几点。

一是智慧德育过程充分体现对受教育者的理解和尊重。德育工作者要充分认识到德育的特殊性和高度复杂性。与智育、体育、美育等教育过程比较而言，德育过程相对复杂。德育并非简单地传授道德知识和道德规范，它的最终目的是教人如何更好地学习生活、学习做人。德育课程的特点要求充分调动受教育者进行道德学习的积极性、主动性和创造性。正如杜威在他的《民主主义与教育》中所说，你可以将一匹马牵到河边，但你决不可以按着马头让它饮水。在一般的知识或技能型课程的学习过程中，一定的强制性或压力或许会取得一定的成效。但是德育过程的实施，如果无视受教育者的需要和状态，就难以取得应有的效果。由于德育的情感、态度、信念等教育目的本身的复杂性，德育过程设计自然就成为难度最大、最具挑战性的领域。

二是智慧德育过程奉行"教学有法但无定法"的理念。智慧德育要求摒弃那种过于强化教学过程标准化设计的技术取向，因为它奉行"教学有法但无定法"的理念。所谓教学有法，就是教学要有一个基本的规矩，要遵循一系列基本教学规范；但更重要的是还要追求教无定法。教无定法，就是要求教师要大胆创新，进入自由和智慧的境界。在智慧德育理念下，教师在进行课堂教学之前，当然要备课，钻研教材、分析学生、考虑教法。但教师必须认识到，课堂教学并非总会按照自己设计的程序有序进行。教学是一个动态生成的过程，教育情境是不断变化的。即使在讲授同一个教学内容时，也可能面临不同的学生；在给同样的教学对象讲课时，必然讲授不同的内容。因此，课堂教学既要有所遵循，又要善于突破常规，开拓出别开生面的教学场面。

三是智慧德育过程要求凸显德育的情境性和教师的教学机智。德育情境是在特定时空条件下所呈现出来的一种德育关系状态。变化是德育活动永恒的特征。学生作为活生生的人，内心状态随时随地都可能会改变，教师无法对德育过程进行天衣无缝的教学预设。当遇到教学中未能考虑的突发状况，如来自外界因素的干扰、学生的质疑等，预先设计的教学环节将难以进行。因此，智慧德育基于德育过程的流动性，要求教师把握德育过程的情境性特征，具有教学机智，能够在具体的德育情境中随机应变，采取积极有效的行动。教学机智是教师教学实践智慧的重要表现。拥有足够的教学机智，意味着教师能够敏锐地感知、辨别与顿悟当下的情境，善于随机应变，采取恰当的教学行为，在教学中做到进退自如、游刃有余。智慧德育要求教师具有在复杂、微妙的教育情境中迅速且恰当地采取行动的能力，表现为教师挥洒自如的教学应变能力和活泼灵动的德育过程。

四、师生同益的德育效果

生命是德育之本。德育的核心问题是观照生命、培植人的道德智慧，使个体生命焕发生机而茁壮成长。在当今德育发展过程中，学生生命发展的重要性日益受到关注，但在关注学生生命的过程中却淡忘了教师生命的成长与发展。长期以来，由于种种原因，德育遭到普遍漠视，德育工作者似乎是可有可无的角色，其形象欠佳，这必然使其承受着极大的心理压力，难以获得职业幸福感。也正因如此，2019年3月18日习近平总书记在学校思想政治理论课教师座谈会上的讲话在广大德育工作者中引起巨大反响，人们感受到党和国家的殷切期待，内心深受鼓舞，争相奔走相告：德育的春天来了！事实上，学校德育是要靠教师来落实完成的，因此教师的智慧状况关系到德育的发展水平。智慧德育认为，智慧德育的实施有赖于拥有道德智慧的德育工作者运用实践智慧去加以实施。事实上，德育工作者承担的是一项伟大的事业。在维护国家社会精神的职能之外，其工作更应对每个社会成员的成长有益，承担着完善和丰富人的精神世界、发展人的道德智慧的重要职责。

智慧德育将教师生命提升到一个前所未有的高度，其重要特征之一就是追求师生同益的德育效果。智慧德育师生同益的德育效果至少在如下几方面得以彰显。

其一，在智慧德育理念下，道德智慧是兼济师生双方的。教师作为整个德育过程的主体，其自身状况关系到德育能够达到的境界水平。智慧德育从教师作为德育主体的地位与作用出发，强调道德智慧的师生兼济特征。一方面，智慧德育要求在教师队伍建设过程中，观照德育教师的道德智慧，并通过各种方式提升教师的教育智慧。在智慧的引领下，教师职业呈现出一种生命的舒展状态，体现为一种生理和心理的综合性愉悦感，即人生幸福感。另一方面，智慧德育将使学生受益匪浅。在智慧德育理念下，学生将不再是被动接受道德规训的"道德之洞"和"美德袋"，他们将成为德育过程中的积极参与者，被作为具有主体性的"人"得到充分的尊重，使其内在的精神需求和道德超越需要得到满足。

其二，智慧德育体现为师生诗意生存的审美境界。智慧不仅在于科学认知和有效实践，更表现为主体的诗意生存和艺术生活。德育是在教师与学生之间展开的，师生关系与德育活动相伴相随。智慧德育将引领师生双方浸润在诗意和审美的道德氛围之中，深刻体验其中所包含的道德意蕴，从而在德育过程中确证学生的主体地位和精神力量，在升华学生的道德境界的同时也使教师的道德境界不断提升。从学生方面来说，智慧德育将发展学生的道德智慧作为最终目的，不仅关注课堂上学生接受具体学科知识的接受效率和接受程度，更要始终秉持为学生发展着想、对学生的生命有益的态度去处理教学细节和调节教学进程。以启迪学生的道德智慧为追求，将使教学的面貌变得不同。教师将不再片面强调学生的知识识记，而将基于学生身心的全面健康发展，找寻教育原因，清除不良因素，实现教育发展。从教师方面来说，智慧德育强调教师教学境界的提升，德育不仅是一种职业，更是一种舒展的生命状态，一种诗意生存的审美境界。从师生关系方面来说，智慧德育倡导的师生关系是主体间相互指导性学习的关系，德育过程是师生、生生诗意生命的知、情、意、行的和谐互动。教师作为教育行为的主体，要用诗意的情怀去建构民主、平等、和谐的关系，德育过程成为师生之间、生生之间的多元互动过程。在这一过程中，不仅培养学生的主体意识，涵养学生的主体情意，调动他们道德发展的主体性、创造性和独特性，而且强调教师加强自身修养，以开放、宽容的态度给学生以榜样激励，用诗意的眼光去观照学生的发展进步，在实现一个个德育目标的过程中，使师生双方共同进入诗意境界。

其三，在智慧德育理念下，德育最终指向师生的人生幸福。幸福是人生的重要选择。随着人类文明的进步，学习已成为一个人生命历程中的重要经历，将伴随着一个人经过人生最有活力的十几年甚至更长时间。对于教师来说，教学作为一种职业选择也将是终其一生的生存方式。从人的发展角度出发，无论对学生还是对教师来说，德育本应成为令人难忘的人生经历、浸润着幸福的生命历程。但种种事实表明，德育在很多时候对于教师来说，仍意味着一种缺乏职业幸福感的沉重。对于学生来说，"当代的道德教育理论偏重于普遍伦理规范的传授，要求学生明确各种道德义务与道德责任，强制学生始终要按照道德的原则行事，而忽视学生的各种合理、合法的权利的获取，其中就包括个人追求自身幸福的权利。这直接导致的后果就是，道德教育中充满了各种各样的强制性和约束性，人们在为了道德而道德的过程中，难以体验到道德的崇高以及在做一件有道德的事情时身心的愉悦与充实"❶。与此同时，接受德育往往成为学生为获得功利目的而应对的学业"负担"。智慧德育则试图改变这种不良状态，它将幸福视为德育的题中应有之义。幸福是心灵和谐而愉快的感觉，而道德善是生命持久愉快、适意与和谐的根本保证。幸福的体验唯有伴随着道德上的崇高才会萌生。智慧德育所指向的不是固守道德规训的苦行僧，而是深谙道德深意并游刃有余地按照理性去进行社会生活的"从心所欲而不逾矩"的惬意。智慧德育将提升师生双方的道德智慧，其效果表现为师生双方共同成长的愉悦体验，最终指向人生幸福。

第三节　智慧德育与相关德育理论比较

有比较才有鉴别。为了更好地把握智慧德育的内涵和特征，有必要将智慧德育与相关德育理论进行比较。在人类社会发展进程中，每一时代都有不同的德育理念和各种德育理论，那么，如何选择参照物进行比较呢？以服务现实为基本出发点，本书不打算探讨那些年代久远、与现实关涉甚微的古代德育理论形态，诸如学校教育产生以前原始社会中存在的习俗性德育及奴隶社会、封建社会中广为流行的神学德育论。本书选择将目光投射向与现代社会和现代教育相伴生的现代德育。但是，现代德育从发端以来至今，相关理论仍然林林总总，又如何进行取舍呢？以中华人民共和国成立以来我国德育发展脉络为重要视域，可以看到，在我国德育长期发展过程中，由于受到种

---

❶ 叶飞. 关注幸福：道德教育的新目的论视角［J］. 湖南师范大学教育科学学报，2008（1）：20.

种主客观因素的影响，知性德育、物化德育长期存在并不断发展，在一定程度上忽视了受教育者的主体性，影响了德育价值功能的充分发挥。而在对德育进行深刻反思基础上，一系列德育新理论被陆续提出，其着眼点不同、理论取向各异，但有一个重要共性贯穿其中，那就是人本理念和人性关怀。因此，可以将它们归结为人本化德育理论。当下，我国德育实践的现实状况是，知性德育、物化德育仍然占据重要地位，但其内在缺憾已经受到较为普遍的理论质疑；人本化德育理念如雨后春笋般不断兴起，但由于制度惯性和新理论的种种缺憾，这些德育新理论在实践中的影响仍比较有限；我国德育正处在新旧德育理念、模式转型的关键时期。智慧德育秉承人本化德育主张，并试图以一种更为先进的理念引领德育的未来发展。因此，为凸显智慧德育的内涵与特征，本书选取以下两个层面进行比较：一是将智慧德育与知性德育、物化德育进行比较；二是将智慧德育与其他人本化德育理论进行比较，这里选取了人本化德育中的两种重要德育理论——生活德育、情感德育进行具体比较。

一、智慧德育与知性德育、物化德育

智慧德育与知性德育、物化德育均为人类教育发展过程中，关于德育发展取向的重要倡导。智慧德育与知性德育、物化德育的最大共性在于，它们均为德育发展到现代社会的产物，同属于现代德育。这里，现代德育既是一个时间概念，也是一个特性概念。现代德育是相对于古代德育来说的。从时间上来看，现代德育是产生和发展于现代社会即资本主义社会与社会主义社会之中的德育。与现代德育相比较，古代德育可大致归结为神性德育，是一个等级性、神秘性和经验性的德育发展阶段。例如，在西方基督教世界，德育的目的是皈依上帝和人性的救赎。古代中国有所不同，但是人们将孔孟之道神圣化，将儒学变为儒教，似乎也存在类似宗教的一个侧面。古代中国一度将道德规范的合理性归结为"天理"，德育成为"存天理，灭人欲"的事业，具有某种神秘的性质。而伴随着18世纪西方国家资产阶级革命任务的完成，古代德育开始向现代德育转型。19世纪末20世纪初的欧美学校，德育基本完成转型任务。在德育现代转型过程中，受现代社会理性主义传统的泛滥及商品经济、市场经济狂潮的席卷，德育割裂了认知和情感、知德与行德，强化了其功利主义倾向，呈现出知性德育、物化德育等重要德育理论与德育形态。

知性德育、物化德育总体来说从属于非人本德育，其共性可以概括为：第一，从价值取向方面来看，具有功利主义德育取向。其主要是从经济、社会发展需要出发，对德育进行功利化利用。知性德育、物化德育的重要目标就是培育适应市场经济发展的能够勇敢搏击市场大潮的人才。第二，从德育内容来看，以传递社会意识形态、价值观念和行为规范等道德知识为基本内容。其基于使社会成员具有某种社会性品质的目的，安排教学内容。第三，从德育过程来看，知性德育、物化德育基于工业革命后社会化大生产对批量生产大批合格劳动者的教育逻辑，教育过程强调程序化和规范化。学生似乎成为学校这一育人工厂流水线上等待统一模塑的零件坯子。教师成为教书匠，教学行为被规程化，教学机智和教学灵动被忽略，缺乏独到的德育理念和德育思想。第四，从德育评估来看，主要基于学生对知识的掌握情况及学生的外在行为表现即对道德规范的遵行状况来评价德育效果。评估死板、教条，无法体现德育的人性化特征。德育是属人的教育，理应观照人性。知性德育、物化德育则背离了人性发展需要，它们这种割裂的、知性和物化的运行逻辑，使现代德育走向抽象、功利的困境而不能自拔。德育实践的弊端不断显现。这呼唤着新的德育理论和德育范式对其进行超越。

智慧德育理论正是基于知性德育、物化德育等非人本化德育的失效而提出的。智慧德育属于人本化德育的重要理念，试图让德育回归其属人的本质上来，真正从人的发展需要出发，去进行德育建构，具有超越于知性德育和物化德育的重要特点。具体来说，智慧德育与知性德育、物化德育具有如下重要区别。

其一，对人本真价值的不同态度。知性德育和物化德育漠视人的价值和意义，使受教育者成为社会实现其发展目的的工具。受教育者只能依据外在的"他者"所制定的价值标准来生活，人的本真价值失落了。受教育者仅仅成了知识主体和物质生产主体，人们失去了对人生意义和价值的追求，终极意义的诉求成了多余的问题。人们的目光局限于眼前，局限于物质层面。知性德性、物化德育把教育当作培养工具人的工具。智慧德育则重视人的本真价值，以对人生的深刻理解和对人性的深刻洞察为出发点，在德育过程中贯彻人本理念和人性关怀，最终目的或者主要价值是促进人的德性发展，培养具有道德智慧的道德主体。

其二，尊重个人与社会本位的对立。在知性德育、物化德育的建构中，把社会作为独立的人格实体，把个人看作实现社会目的的工具。这种状况在生产力水平低下、存在着人与人依赖关系的阶段尚有一定价值。由于我国长期存在着一种整体主义的思想传统，再加上对马克思主义社会哲学观所作出的机械决定论的理解，个人的能动作用被抹杀。因此，知性德育、物化德育的社会本位观在我国的长久存在具有一定的社会基础。但随着社会的发展，其必然会因为损害个人主体性发展而遭到质疑。智慧德育便是对知性德育、物化德育在此方面的一种扬弃。智慧德育立足于尊重个人的价值取向，力求实现个人本位与社会本位的统一。智慧德育之尊重个人，并非狭隘的、彼此分离的、孤立的"单子"（莱布尼兹语）或"孤独个人"（克尔凯郭尔语），而是"世界历史性个人"（马克思语）。在这样的个人中，内在地包含了个人与他人、社会的统一。

其三，统一模塑与个性启迪的区别。知性德育和物化德育把"德育"设想成一条生产流水线，按照设计好的图纸，把受教育者作为产品生产出来。在这一模式中，德育忽视了受教育者的个性与独特性，德育理想的效果似乎就是模塑"一模一样"的产品，消除、阻碍、防止个体与众不同的个性的发展。随着这一过程，受教育者日益被泯灭了个性，变成了千篇一律的"单面人"，进而失去了创造性。❶ 智慧德育则充分彰显其对人的尊重，对个性的承认。尽管智慧德育同样需要传授基本道德规范，但智慧德育过程重视培育学生的道德思维能力，重视启发受教育者如何恰切地践行规范，而不是简单灌输，不强求千篇一律的结果。从某种意义上说，智慧即意味着个性和创造

---

❶ 王晓丽. 人学观视阈下德育范式发展探析［J］. 理论与现代化，2013（1）：41.

性。智慧德育承认世界的复杂性，承认受教育者创造性地进行价值判断和价值选择的合理性，并鼓励受教育者在通达世事人生的基础上，不断生成更高的价值追求。

二、智慧德育与生活德育、情感德育

德育面对的是人而不是物。但知性德育、物化德育却背离了人性发展的需要，成为违反人身心发展的规训，德育因此而变得不那么受欢迎。如何使德育获得其本应拥有的魅力，是我们时代的课题。在对德育新路向的探寻中，研究者的一大共识是凸显人的主体地位和人性的发展需要。于是，一系列人本化德育理论应运而生。从这一点来说，智慧德育与生活德育、情感德育具有一致性，它们都深刻透析了以往德育理论漠视人的主体性给德育带来的桎梏，都属于基于德育的人本化理念而提出的人本德育主张。可以想象，德育之所向的应然回答不会是一个一蹴而就的命题，注定需要众多德育研究与工作者不断追求和努力探索。目前，人们仍处在通向德育应然状态的漫长路途中。生活德育、情感德育等德育新理论均从特定的角度对德育的本质和本然状态进行了揭示。

作为一种德育新主张，生活德育理论认为，从整体上看，人的生活是综合的，人们无法过专门的道德生活。生活德育理论基于对生活与道德一体关系的认识，主张通过引领学生过"有道德的生活"来学习道德。在德育目的上，实现由培养"伦理学者"向生成"道德楷模"回归；在德育内容上，实现由"大德育""小德育"到与生活的综合；在德育过程上，实现由"搬砖式"、失去自我到过"有道德的生活"；在德育思维上，实现由专门到整体的转变，等等。这是对德育转型具有启发性的思路。情感德育理论则关注到那种概念性、浅表化、教条化的德育缺憾。情感德育理论认为，现实德育因其过于依赖外部知识灌输和行为规约，而忽视人的内在情感导致效果低下。为此，情感德育主张，德育要关注更为内在性的情感世界，强调人的情感性素质是个人道德性的深刻基础，试图通过对道德情感的激发来促进人的德性生成。本书认为，无论是生活德育还是情感德育，都试图从对人的深刻理解和研究出发寻求德育发展的新出路。从这一点来说，无疑都是德育发展的重要探索，为人本取向德育的发展作出了各自的贡献。智慧德育与生活德育、情感德育在人本取向方面具有一致性。智慧德育认为，德育过程必须以人为基本出发点，以促进人的德性发展、提升人的道德智慧为目的和归宿。

智慧德育与生活德育、情感德育等其他人本化德育模式又有着根本区别，具有独特价值，这至少体现为如下两个方面。

其一，智慧德育彰显了德育的超越性维度，更加契合人类道德价值追求的特点。相当长一段时期以来，德育在很大程度上落实为具体的规范教育，忽略了人性发展的超越性维度。人生、社会理想的追求、人生境界的提升等人性应然面的发展，往往被归为"假、大、空"，或冠以"理想主义"的帽子，在德育领域中被无情搁置。但事实上，人之为人既是一种实然的存在，也是一种应然的存在。处于每一历史阶段的人都是有限的，但是他的理想包括道德理想方面，同样有着超越性追求，追求自由，崇尚美好，对世界人生葆有各种终极性关怀。作为德育新理论，生活德育强调了德育的生存领域，情感德育则更凸显了人的情感在德育中的重要性，尽管它们在德育发展走向的探索方面有所裨益，但似乎有失于具体，缺乏彰显超越性德育价值追求的意涵。相对于生活德育、情感德育，智慧德育中"智慧"这一关键词本身便突出呈现了德育的超越性维度。智慧德育在承认人所具有的各种现实规定的实然性基础上，承认人所独有的应然性，并试图通过教育引导，使人的这种属性逐渐萌发、形成、伸张、提升，使人成为有理想、有追求、有创造、有超越、有意义世界的建构和有终极性关怀的真正智慧性存在。

其二，智慧德育具有较好的涵容性，在汲取多种人本化德育理论基础上，凸显了德育的智慧取向，能够更好地揭示德育的本真价值。智慧德育并不是对其他一切德育理论的简单否定。对于知性德育和物化德育，智慧德育否定的是其单纯的知识传递，但并不排斥道德知识教育；它摒弃以物为本的德育异化状态，但并非"不食人间烟火"地排斥一切物质利益。智慧德育甚至对生活德育、情感德育等人本化德育理论给予某种肯定，并与它们保持着密切和活跃的理论联系。在智慧德育实践过程中，同样要基于生活实践，同时要关注情感等有助于更好地触发人的"德性"的重要因素，因此，生活德育、情感德育中的一些重要倡导可以为智慧德育提供重要滋养。所不同的是，智慧德育理论认为生活德育、情感德育等其他人本化德育倡导虽然明确了人本德育的发展方向，却由于单纯地强调德育的某一方面人本化价值而失之于具体和窄化，理论涵容性不足。"智慧"作为人类发展过程中形成的一个重要概念，承载着人们对于理想精神生活的向往，也是人们孜孜以求的精神境界。以智慧特别是道德智慧作为德育的价值取向，极大地契合了人类对于应然的精神世界、道德境界的追求。智慧德育以提升人的道德智慧为指向，凸显教育者的实践智慧，从多方面发掘德育的智慧内涵，以智慧性德育过程来实现师生的智慧生存，能够更好地彰显德育的本真价值。

第四章 智慧德育的理论建构

关于智慧德育的提出背景、基本内涵及基本特征等相关问题的研究探讨是建构智慧德育理论体系必不可少的前提和铺垫，但更为重要的是智慧德育的基本理论建构与实践路径问题。本章将从目标、主体、内容、方法等方面对智慧德育进行基本理论构架。

第一节 智慧德育的目标

一般认为，德育目的是德育活动所要生成或培养的品德规格。德育目标是德育目的的具体化，是德育活动预先设定的标准。智慧德育的目标，就是智慧德育这一教育实践活动所预先设定的标准，是智慧德育所要培养或造就的道德品格，它是智慧德育的出发点和归宿。

一、我国德育目标的历史考察

读史使人明智。智慧德育的目标制定离不开对历史与现实德育目标的分析和借鉴。这里主要考察中华人民共和国成立以来我国德育目标的发展变化。

中华人民共和国成立后，由于传统思想影响及政治革命的历史发展轨迹，一直强调突出政治教育。特别是在"文化大革命"过程中，学校德育定位存在严重的"左"的错误，政治教育成了德育的代名词。

1978 年改革开放以后，情况开始有所改变。尽管政治因素仍被强调，但德育目标开始注重社会公德，强调个人义务意识的培养，这一点值得肯定。同时，德育同国民经济发展要求相适应的经济功能也逐步受到关注。但这一时期，突出集体、忽视个人倾向明显。总体上强化的是德育培养社会主义建设者这一服务政治、经济的工具性价值，其理论基础就是"社会本位"观念。比较忽视个人权利的享有，个人维度的思考当时尚不十分清晰。

20 世纪 80 年代中后期，中国改革开放和现代化建设初见成效。这一时期我国德育目标从关注经济、政治因素兼而关注社会的主体——人，关注学生的品德，提出重学生意志、品格和性格的发展，这是符合社会发展客观规律的。培养目标开始注意整体性和学段的衔接性，制定了总的德育目标，培养目标开始趋于科学化、合理化。20 世纪 90 年代之后，德育目标呈现出进一步关注个体发展和个体品德的养成及重视法制的趋向。通过对我国学校德育目标的简要梳理可以看出，我国德育目标在演变发展中逐步实现了从为政治、经济服务到更加重视个体发展。我国在多年实践的基础上，于 1993 年 3 月正式颁发了《小学德育纲要》，1995 年 2 月正式颁发了《中学德育大纲》，1995 年 11 月制定并颁发了《中国普通高等学校德育大纲》。上述文件分别对小学、中学和高校德育目标做了系统表述。具体表述如下。

小学阶段的德育目标：培养学生初步具有爱祖国、爱人民、爱劳动、爱科学、爱社会主义的思想感情和良好品德；遵守社会公德的意识和文明行为习惯；良好的意志、品格和活泼开朗的性格；自己管理自己、帮助别人、为集体服务和辨别是非的能力，为使他们成为德、智、体全面发展的社会主义事业的建设者和接班人，打下初步的良好的思想品德基础。

初中阶段的德育目标：热爱祖国，具有民族自尊心、自信心、自豪感，立志为祖国的社会主义现代化努力学习；初步树立公民的国家观念、道德观念、法制观念；具有良好的道德品质、劳动习惯和文明行为习惯；遵纪守法，懂得用法律保护自己；讲科学，不迷信；具有自尊自爱、诚实正直、积极进取、不怕困难等心理品质和一定的分辨是非、抵制不良影响的能力。

高中阶段的德育目标：热爱祖国，具有报效祖国的精神，拥护党在社会主义初级阶段的基本路线；初步树立为建设有中国特色的社会主义现代化事业奋斗的理想志向和正确的人生观，具有公民的社会责任感；自觉遵守社会公德和宪法、法律；养成良好的劳动习惯、健康文明的生活方式和科学的思想方法，具有自尊自爱、自立自强、开拓进取、坚毅勇敢等心理品质和一定的道德评价能力、自我教育能力。

高等学校德育目标：使学生热爱社会主义祖国，拥护党的领导和党的基本路线，确立献身于有中国特色社会主义事业的政治方向；努力学习马克思主义，逐步树立科学世界观、方法论，走与实践相结合、与工农相结合的道路；努力为人民服务，具有艰苦奋斗的精神和强烈的使命感、责任感；自觉地遵纪守法，具有良好的道德品质和健康的心理素质；勤奋学习，勇于探索，努力掌握现代科学文化知识，并从中培养一批具有共产主义觉悟的先进分子。

上述德育目标，是中华人民共和国成立以来我国学校德育目标最完整、最科学的表述，使我国的德育目标开始进入体系化的发展阶段。

进入 21 世纪以来，随着国内市场经济的进一步发展，各种不良思想倾向经由不同途径对青少年产生了不可忽视的影响。为适应新形势、新任务，中央于 2004 年作出了一系列重要举措，颁发了一系列文件，包括《关于进一步加强和改进未成年人思想道德建设的若干意见》《关于进一步加强和改进大学生思想政治教育的意见》《关于进一步加强高等学校学生形势与政策教育的通知》《关于加强和改进高等学校校园文化建设的意见》等，为学校进一步明确了方向、提出了要求。总体来看，我国学校的培育目标在培养学生的道德意识，促使学生养成良好的行为习惯，提高其社会主义觉悟，梳理科学的世界观、人生观、价值观方面发挥了重大的作用。[1]但值得注意的是，学校德育目标仍存在着一些有待完善的方面。最突出的就是，德育目标的价值取向有待突破。尽管当前我国在德育价值取向的具体方面发生了很大的变化，但强调社会工具价值、忽视培养个性价值的状况仍未得到根本改变。德育目标的人性化不足。德育目标应当考虑到学生的个体发展需要，并找到个

---

❶ 沈壮海，佘双好，等. 学校德育问题研究［M］. 郑州：大象出版社，2010：56.

体道德需要、道德价值与道德责任的生长点，实现个体发展与国家、社会需求的统一。学校德育目标的确定要兼顾国家、社会的需求和学生个人的发展，但这个结合点至今尚未很好地确定。

二、智慧德育的总目标

在我国，对德育目标的理论研究是一个较为薄弱的方面，对德育目标的解剖和分析不够充分和深入，使得德育目标理论显得比较笼统。这里试图对智慧德育目标进行分层研究和设置。以德育目标的从属关系为依据，将德育目标分为总目标和分目标。

鉴于我国德育目标人性化不足的现状，智慧德育在目标设定上突出德育服务于个体发展的价值取向。智慧德育的总目标是智慧德育实践的总方向和总要求，决定着智慧德育的根本内容、措施、步骤与方法等。总目标应当具有唯一性、超越性和现实性，是唯一性、超越性和现实性的统一。

结合 2019 年 10 月中共中央、国务院印发的《新时代公民道德建设实施纲要》❶，我国德育的总目标可以表述为培育和造就担当民族复兴大任的时代新人。这是我国德育的总方向。智慧德育在总目标的设定上，突出智慧的统领性。由此，智慧德育的总目标是切实提高德育实效，培育和造就担当民族复兴大任、具有道德智慧的时代新人，实现个体的智慧生存。全面把握这一总目标需要注意以下三个层面内容。

1.智慧德育的个体目标：实现个体的智慧生存

提升个体的道德智慧、实现个体的智慧生存，是道德教育的最终目的。个体拥有道德智慧，实现智慧生存，是超越学校知性德育的一个重要目标。

智慧不同于智力。智力侧重于指称个体认识世界的能力。智慧生存则基于认知又超越于单纯认知，具有深刻的意味。英国著名教育家怀特海认为，智慧是掌握知识的方式。它涉及知识的处理、确定有关问题时知识的选择，

---

❶ http://www.moe.gov.cn/s78/A01/s4561/jgfwzx_zcwj/201910/t20191031_406169.html.

以及运用知识使我们的直觉经验更有价值。这种对知识的掌握便是智慧，是可以获得的最本质自由。因此，"在智慧的结构中，认知能力所获得的知识是基础，在此基础上，关键是把知识运用到具体的问题中，这就需要主体的情感和意志活动的参与，对知识进行应用于对象的选择性创造，创造知识的价值，获得人生的自由"❶。所以，当去思考整体时，就需要智慧。智慧着眼于对整体的思考，是一种整体的思维方式。对整体的思考当然离不开对部分的认知，但不能将它理解为对部分的简单相加。智慧就如同由若干要素构成的系统作为整体的"涌现"，它是基于部分而又超越部分的"新质"，表现为一种深刻的洞察力。道德智慧是个体在明辨善恶的基础上，恰如其分地处理人生问题的方法和实践，体现为一种强大的道德问题解决能力。智慧生存是人的一种优质生存状态，实现个体的智慧生存意味着个体能够基于对宇宙、社会和人生的整体洞察获取人生的自由与幸福。

2.智慧德育的教育目标：提高德育实效性

德育的实效性是指德育的效果。在德育现实发展中，实效性不足成为一个突出问题。这体现为学校德育相对边缘化、受教育者对德育的功利性态度及受教育者的知行不一和理论与实践脱节等状况。而当今社会发展过程中，一些社会成员道德标准混乱、价值选择困惑与迷茫，特别是社会场域各种道德问题频发状况都昭示着德育实效性亟待提高。智慧德育的提出，不仅是个体发展的需要和社会发展的要求，同样也基于德育发展的内在需要。智慧德育在教育方面的总目标用一句话来说，就是要提高德育实效性。德育具有实效性，是德育进一步发展的内在需要，也是德育自身良性发展的表征。智慧德育提高德育实效性这一目标主要在于以下几方面因素：一是尊重个性因素。当今时代，随着民主意识的提升和市场经济竞争的日益激烈，确立主体性和追求个性发展已成为人们的普遍需要。智慧德育因其尊重个体品德发展的特点和引领个体趋近道德智慧的旨归使德育成为个体意愿之所向。二是注

❶　黄富峰，张春荣.论道德教育的目的：道德智慧［J］.聊城大学学报（社会科学版），2006（1）：87.

重自律因素。德育实效性如何，关键是看学生思想道德水平的提高，其难点在于思想道德的内化，即如何将德育要求转化为学生个体的思想道德素质。学生道德学习过程应当是一种精神的转移过程，表现为对信念、价值观、态度、习俗等的接受或适应。这种转移看不见，摸不着。智慧德育虽然不可能完全脱离德育的他律机制，但是更强调道德自律，强调德育影响深入学生的内心深处、激发其内在需要、促使其内化，最终自觉转化为道德行为。三是强化隐性因素。智慧德育不排斥显性教育因素，认为课程作为学校德育主渠道和主阵地能够发挥重要作用，但是更加重视隐性因素的渗透。智慧德育倡导改进德育灌输与强制的不当做法，强调以更加循循善诱的方式，在潜移默化中实现个体道德智慧的提升。

3. 智慧德育的社会目标：培育智慧型国家公民

20世纪是科学技术发展突飞猛进的世纪，是一个人类力量无限高扬的世纪，值得人类自己为之骄傲。但20世纪又是一个让人类普遍感到不堪回首的世纪，两次世界大战的发生、人类的生存家园惨遭蹂躏的事实表明，在物质技术方面人类似乎无所不能的同时，在精神和道德方面，人类却是如此发育不良。在唯经济主义、唯科学主义浪潮之中，智慧德育试图承担起德育应有的批判和反思功能。智慧德育将德育发展的社会目标定位为培育智慧型国家公民，这是德育社会功能充分发挥的基础。

智慧型国家公民区别于知识型、技术型国家公民的方面在于，它要求公民在掌握必要的知识与技术基础上，拥有全面的通达世事人生的智慧。当前德育呈现出一系列迷失于物质世界的征兆，如德育的知识取向、规则本位取向及德育的功利化现象。德育要重获价值和生存的土壤，必须重新摆正自身的姿态，做成一种本真的德育，一种指导人为何而生存和怎样生存的教育。智慧德育即以此为己任，它承认在每个人的生存中都会面对两个世界：物质世界和意义世界，并重视人的意义世界的建构与生成。人的意义世界就是他所把握的应有的存在方式。智慧德育在人的意义世界建构中承担着十分重要的任务。"应当怎样才算是人，人之为人的根本；人为什么而生存，生存的意义是什么；人应该怎样生活，生活的理想与价值，等等"❶，这类问题就是我们通常所说的要学会做人。智慧德育应当引导人择其善者而从之，不断提升、扩展人的意义世界，使人们发展成为智慧型国家公民。

以上从三个层面对智慧德育的总目标进行了解读。那么，应如何理解智慧德育的这一总目标呢？第一，智慧德育这一总目标坚持了个体性与社会性的统一。教育是国家的重要职能，作为教育重要部分的德育，理应承担公民培育这一社会性职能。智慧德育的总目标以培养智慧型国家公民为己任，这是合乎教育及德育发展逻辑的。而对于实现个体的智慧生存的目标定位则显现了智慧德育目标的个体发展特征。第二，智慧德育这一总目标坚持了超越性与现实性的统一。智慧德育总目标着眼未来，高于受教育者的现实道德水平，"具有道德智慧"这一表述，反映了社会发展对未来国家公民的品德期望和要求，是一种具有超越性的价值目标。同时，"道德智慧"并非高深莫测和遥不可及，事实上，它就蕴含在饮食日常之中，并服务于受教育者适应现实社会的诉求，具有一定的现实性。第三，智慧德育这一总目标具有涵容性与表述简洁性。智慧德育在总目标的表述上，没有列举如"有理想、有道德、有文化、有纪律"等具体内容，而是简单地用"道德智慧"来加以概括。这是因为，"道德智慧"这一概念本身具有较高的表意涵容性。道德智慧是对"何为善"的不懈追问，是对人生之道、人际之和、人格理想与人生境界等人生哲学问题的深刻思索，是一种对人类社会基本价值把握、理解、践行的能力。由此可见，"道德智慧"事实上已经涵容了理想、道德、文化、纪律等，这使得智慧德育表述具有简洁性。

三、智慧德育的分目标

在总目标确立基础上，智慧德育要具体贯彻，还必须提出具体的具有一定明晰性的分目标。智慧德育的分目标是对总目标的分解，分目标服务于总目标。笔者认为，智慧德育分目标的确定应当从如下方面进行分层研究。

---

❶　卢艳红. 论关注意义的道德教育［D］. 长春：东北师范大学，2008：36.

1. 智慧德育目标的内容分层

以智慧德育内容为依据，可以将德育目标分为思想目标、政治目标、法纪目标和道德目标四个层面。一是思想目标。按层次结构来看，思想目标属于最高层次。智慧德育在思想目标方面，主要培养学生具有辩证唯物主义和历史唯物主义的观点，具有正确的世界观、人生观和价值观，具有崇尚科学、积极进取、独立思考、开拓创新等思想品质。二是政治目标。主要包括培养学生树立正确政治方向、拥护党的领导、坚定"四个自信"、自觉抵制各种错误思潮的能力。三是法纪目标。主要包括民主法治教育和纪律教育。民主法治教育目标，主要是通过对个体进行民主与法治的陶冶和训练，培养他们的民主意识和法治观念。纪律教育目标旨在通过纪律教育，使年轻一代养成自觉遵守纪律的习惯和品质。四是道德目标。其基本要求是通过社会公德、职业道德、家庭美德、个人品德教育，使学生在当前和今后的社会生活、职业生活、家庭生活等场景中，拥有处理各种社会关系的美德，比如遵守公共秩序、诚实守信、真诚待人等。❶上述四方面德育内容目标，既有各自特定的内容，又是一个内在统一的有机整体。它们互相联系，互相渗透，互相依赖，互相补充。

2. 智慧德育目标的学段分层

在学段分层方面，要将智慧德育目标按照小学、中学、大学三个阶段进行划分，并且紧密结合各个学段学生的发展特点制定切实可行的德育目标。一是小学德育目标。在小学阶段，要适应儿童期品德所具有的表面性、具体性、肤浅性等发展特点，制定适当的德育目标，侧重于形成和发展儿童的基础品德与养成良好的日常行为习惯。可以将小学德育目标定位为：培养学生初步具有爱国等思想情感和良好品德；遵守社会公德的意识和文明行为习惯；良好意志品格和活泼开朗的性格；自我管理和乐于助人能力；初步的道德思维和道德判断能力。二是中学德育目标。在中学阶段，学生处于青少年时期，这是品德迅速发展的重要时期。中学包括初中阶段和高中阶段。在初中阶段，

---

❶ 冯文全. 学校德育目标的分层研究［J］. 教师教育研究，2004（6）：29.

少年品德认识表现出明显的积极性、主动性和独立性；在高中阶段，学生开始进入青年时期，学生品德思维能力逐步达到成熟水平。因此，初中阶段的智慧德育目标应侧重于国民基础品德的建构；高中阶段应侧重于学生世界观、人生观、政治观的初步确立。据此，可以将中学智慧德育目标定位为：培养学生成为具有科学的人生观和世界观、热爱祖国、具有社会公德和文明行为习惯的遵纪守法的公民。三是大学德育目标。大学阶段，学生已具有较高的知识水平、较深刻的抽象思维能力和较中小学生丰富得多的人生经验，世界观、人生观也已经初步确立。因此，大学阶段的德育目标应侧重于科学世界观、人生观、价值观和政治观的建构。可以将大学德育目标定位为：培养具有马克思主义科学世界观和人生观，坚定"四个自信"，有艰苦奋斗精神，遵纪守法，有良好道德品质的致力于实现中华民族伟大复兴的时代新人。

3. 智慧德育目标的对象分层

由于不同学生的思想基础、心理特点及环境条件存在较大差异，其具体的思想表现、进步程度也有着明显的区别。就学生总体的思想道德进步而言，是呈随年龄、知识、经验等的增长而同步上升的趋势，但就学生个体来说，存在较大差别。横向比较来看，学生按其品德总是能够区分为后进生、中等生和先进生三个层次。我们可以从学生的品德实际出发，确立相应层次群体的德育目标。一是后进生智慧德育目标。对后进生的德育目标不能定得太高，应强化学生具有做人的基本道德。后进生往往对政治理论和时事政治不太感兴趣，厌倦集体活动，爱发牢骚，有时是非不分。一些学生甚至有比较严重的思想认识问题，缺乏精神支柱，对前途信心不足，极个别的甚至有反社会、反人类的心理与行为倾向。这部分学生人数虽少，但往往影响极大。对这部分学生，应多用人类公德教育他们，使他们做到能遵守社会公共生活规则，讲文明礼貌，尊重劳动，友爱主动，有同情心，具有做人的基本准则。在此基础上，逐步引导和激发学生的品德进步要求与动力，争取最终将他们培养成合格的公民。二是中等生智慧德育目标。中等生是指那些品德合格或基本合格的学生，对他们的要求是社会主义德育目标，并用共产主义德育目标做引导。中等生在学生中占最大比重，他们对人生目的和理想追求有积极的一面，但也存在一些错误的品德观念和消极因素；他们大多不甘落后，希望上进，但有时又缺乏战胜困难的信心、勇气和毅力。他们渴望祖国繁荣发达，但有时又表现出过于实际，崇尚自我。❶总之，他们思想波动较大，心理上、思想上存在矛盾与困惑是他们的特点。这类学生人数多，涉及面广，对他们的德育工作是否见效会直接影响集体的整体风貌。对于这些学生贯彻过高的教育目标，看似层次高，实则效果差。在社会主义初级阶段，适合大多数学生的目标，只能是社会主义德育目标。三是先进生智慧德育目标。先进生是指那些在品德上对自己实行高标准、严要求，能够自觉完成教育要求的学生。这些学生的基本特点是：在政治上积极要求进步，努力向党团组织靠拢，拥护党的路线方针政策，有较强的明辨是非能力，有理想、有纪律，先人后己、乐于奉献、热心集体活动等。这部分学生虽然人数不太多，但他们都是学生中的佼佼者，在学生中有威望。对他们，"可确定高层次的共产主义德育目标，提出更高的共产主义德育要求，使他们成为具有马克思主义世界观、共产主义道德品质的一代新人"❷。

　　总之，在现阶段，实事求是地说，对多数人来说，应该首先把他们培养成合格的社会主义公民；少部分人可能达到德智双馨的境界；另有一些人则宜首先用人类一般的道德标准去要求他们。多层次德育目标需要教师在实践过程中根据情况进行选取。多层次德育目标理论，可以适应现阶段我国经济社会发展水平的多层次性和社会成员学段及品德发展水平的多层次性，对我国学校德育具有指导意义。

第二节　智慧德育的主体

　　教育的主体问题是教育理论中存在争议的一个问题。20世纪80年代以来，我国关于教育主体问题的研究，存在着"单一主体论"（教师主体或学

---

❶　冯文全. 学校德育目标的分层研究 [J]. 教师教育研究，2004（6）：29.
❷　冯文全. 学校德育目标的分层研究 [J]. 教师教育研究，2004（6）：30.

生主体）、"双主体论"（教师和学生都是主体或互为主体）、"主体转化论"（教师开始是主体，然后学生逐渐成为主体）等不同观点。笔者认为，尽管传统的"教师中心论"忽视了学生的主体地位，但学生毕竟只能视为学习过程的主体，而学生学习过程主体的作用是建立在教师主体性发挥的基础上的，因此，应当认为教师是整个教育包括德育过程的主体。❶由此，本书所探讨的智慧德育的主体是指德育教师。智慧德育对教师素质具有特定的要求，那就是教师要拥有道德智慧并能创造性地运用教学智慧从事德育，这里称为智慧型德育教师。

一、智慧德育呼唤智慧型教师

智慧型德育教师是新时期德育教师的发展定位。"智慧型教师"是一种教师类型。"教师类型"则是教师在其职业定位中表现为心性行为的某一类的形象标识，这些形象标识作为一种"隐喻"，往往隐匿着某些特定的思想理念和内在根据。教育史上最为典型、影响也最大的两种教师类型是"园丁型教师"和"设计师型教师"❷，并且各有其思想理论基础。园丁型教师奉行自然主义教育思想。这一理论反对教师对学生的粗暴干预，认为教育是提供条件以发挥人生来具有的本能的自然生长的过程，教师只需要像园丁一样，从旁提供阳光、雨水等适当的条件，儿童便能如植物一样自长自成。这在卢梭的自然教育和杜威的"教育即生长"的命题中反映最充分。设计师型教师奉行理性主义思想理念。代表人物是赫尔巴特和凯洛夫。这一理论反对把人交给自然，强调通过教师的刻意加工把学生塑造成所预期的未来人的目标。这两种教师类型的局限性比较明显。园丁型教师理念过于强调自然成长，这无疑会极大地抑制教师作用的发挥。而设计师型教师理念容易导致教师不顾学生特点的任意"塑造"。"知识型教师"也是众所周知的一种教师类型。近代以来，特别是19世纪下半叶以来，班级授课制产生并逐渐成为通行的教

❶　檀传宝. 德育原理［M］. 北京：北京师范大学出版社，2007：103.
❷　陈云恺. 智慧型教师与教师类型转换［J］. 上海教育科研，2003（9）：13-15.

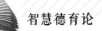
学制度，知识传递被认为是教师的基本职责，知识型教师应运而生。笔者认为，知识型教师从属于设计师教师类型，只是在形塑学生方面更加强调知识传递的作用。

在德育发展过程中，德育教师从类型来说，大体上也可以做此区分。而从德育的实际发展来看，目前知识型德育教师成为德育教师的主要类型。知识型德育教师意味着德育教师被认为是道德知识的掌握者，传递道德知识是德育教师的主要职责，德育教师成为德育过程中道德标准的把持者和道德行为的评价者。

在新时代德育发展中，知识型教师角色定位日益受到人们的质疑。其一，有知识并不意味着有道德。因此，知识型德育教师只被认为是道德知识的宣教者，却未必是道德的楷模。其二，知识传递只能是德育的一个环节，不等于德育的全部。掌握道德知识并不意味着实际品行的优异。其三，日益多变、复杂的社会现实使得人们难以用固化的道德知识成功应对人的道德实践。其四，价值多元社会中，教师作为道德知识的宣教者，其所宣讲的内容容易受到学生的质疑。以上种种现实表明，知识型教师已不适应德育发展的现实需要。鉴于知识型教师的缺陷，有必要在总体上转变德育教师的类型。本书认为，智慧型教师类型是其重要出路。应努力实现德育教师从"知识型教师"向"智慧型教师"的转化。

所谓智慧型教师，是指具有道德智慧，能够运用各种德育资源，有效创生和应对各种德育情境，以实践智慧启迪学生道德智慧、提高学生道德素养的教师。智慧型教师也是智慧德育发展的必然要求。这是因为智慧德育以发展学生的道德智慧为己任，教师拥有道德智慧是其进行智慧德育的重要前提。教师是学生道德智慧的启迪者。"若要给学生一瓢水，首先要有一桶水。"如果教师缺乏智慧，就很难启迪学生的道德智慧。智慧德育要求德育教师拥有道德智慧并具有启迪学生道德智慧的能力。

二、智慧型教师的基本素养

智慧品性是智慧型教师的突出特征。智慧型德育教师是具有德育智慧的教师。教师的德育智慧是在德育的专业场景中，融合了德育专业知识、德育技能技巧和德育艺术等的综合素养，是一种实践智慧。它整合了教师的人生体验、专业技能、道德品性及教师的教育追求，使得教师具有强大的道德影响力。具体来说，智慧型德育教师通常应具有以下基本素养。

1. 具有崇高的师德修养

教师是一份独特的职业，被喻为人类灵魂的工程师，承担着教书育人的重要职责。德育是教育者对受教育者实行的一种自觉的、有计划的、有目的的影响活动。教师的素质将直接影响学生的身心发展。只有具备崇高的师德修养的教师，才能将自己的思想品质、道德情操、责任感及献身精神等潜移默化地渗透到德育过程中，从而为学生树立很好的榜样。德育教师以促进学生的精神成长为职责，承担着更加重要的教育使命。具有崇高的师德修养是智慧型德育教师的基本素养。这一师德修养具体体现为：一是具有人文关怀精神。人文关怀精神是一种普遍的人类自我关怀。"所谓人文关怀精神，是指教师能以人文精神为其思想内核，在德育工作中贯彻以人为本精神，以尊重人、理解人、发展人、完善人为宗旨，以建设人本身、促进人的全面发展为内在尺度的一种价值取向。"❶人文关怀精神的核心就是以人为本，德育教师的人文关怀精神则体现为"以受教育者即学生"为本。它扎根于师生的情感关系，体现为教师对学生的爱、一视同仁地给予学生平等的爱。二是具有高尚的品德。高尚品德是德育教师重要的人格魅力。教师的品德会潜移默化地影响学生的思想与行为。教师能够以社会规范和教师职业的独特要求严格约束自己，凸显自己的人格魅力。三是具有坚定的教育信念。它体现为教师怀有的高度的职业认同感，坚信自己所从事的职业是崇高的事业；对教育事业无限忠诚，具有强烈的事业心和高度的责任感；爱岗敬业，教书育人。四是具有先进的教育观念。教师的教育观念是其教育智慧的内核，它能够深层次地影响教师的教育行为。智慧德育要融入尊重、信任、平等、倾听、关怀等道德要素，要求教师首先具有这一系列重要观念。这也是师德修养的重要组成部分。

---

❶ 杨翠娥. 论教师的道德智慧［J］. 教育探索，2009（9）：97.

2. 具有广博的专业知识

智慧基于知识，知识是智慧的基础。对于德育教师来说，仅依赖自己的高尚品德来影响学生，其影响只能是暂时的。要成为智慧型教师，需要具有广博的专业知识。首先，专业知识是教师用于教育教学的资本。它是教师教书育人所必备的业务素质。教师的知识结构直接影响着教师的教育智慧。广博的专业知识是教师智慧成长的沃土。其次，专业知识是教师个人魅力和教育教学影响力的源泉。知识是连接教师与学生的纽带和桥梁。只有具备广博的专业知识，才能使学生的"向师性"充分彰显，从而取得好的教育教学效果。再次，专业知识是教师创造力发展的基础。21世纪是一个知识爆炸的时代，新思想、新观念层出不穷。这就要求德育教师持续进行专业知识更新，树立终身学习理念，不断掌握新知识和新技能。须知，丰富的专业知识是创造力的重要基础。专业知识越丰富，知识结构越合理，创造力发展的可能性就越大。最后，专业知识是教师启迪学生智慧的重要依托。教师要肩负起教育责任，无私奉献自己的专业知识，将知识转化为启迪学生心灵、发展学生智力、开启学生智慧宝藏的金钥匙。

3. 具有精湛的教育艺术

教育是一门科学，更是一门艺术。智慧型教师能够使教育不断进入具有审美价值的艺术境界。德育的艺术境界往往与教师的人格相伴而生，也就是说，德育艺术的倾向性与教师人格之间存在着某种一致性。这种教育艺术体现为：一是高超的教育技巧。虽说"教学有法但无定法"，但高超的教育技巧是智慧型教师不可缺少的素质。教师应以高超的教育技巧，灵活自如、出神入化地引领学生在道德的世界里遨游，从而卓有成效地开展德育。二是灵动的教育机智。教育敏感性和教育机智是智慧型教师的重要素养。教育机智是教师在特定教育场景下对于偶发事件进行巧妙应对的能力。教育机智不能是事先计划的，因此，要求德育教师注意把握教育时机，利用偶发事件带来的德育契机进行教育引导，使德育在师生互动中具有创造性。三是美的教育呈现。教师自身特有的个性魅力是教师鲜明色彩中最亮丽的风景线，它表现为教师的风趣幽默，或才思敏捷，或乐观豁达，包括教师富有文化涵养的着装及优雅得体、潇洒大方的外在表现，无不体现了教育中的美。

4.具有深入的反思能力

反思是教师教育智慧生发的重要源泉。它是教师将自身和自己的教育教学作为研究对象，进行批判分析的思维过程。教师的反思包括教育反思和道德反思。教育反思是"教师对自己的教育教学情景、事件以及价值等通过正、反两方面的多元思考，发现理解自我教育教学中的问题和意义，不断积极干预自己的教育教学行为，寻求改善与改进教育教学的各种可能性，从而促进教师的专业发展"❶。教育反思是学者型教师的成长之道。智慧型德育教师首先具有卓越的教育反思能力，他们能长期保持对自身教育行为进行审视、思考的习惯，总结成功的经验并查找存在的问题，以持续改进德育行为。教师进行教育反思，应以科学的教育理念为依托，不断形成理性的评判思维和鲜明的问题意识，善于从稍纵即逝的教育现象中发现问题，在反思的过程中形成自己对问题的理论观点。道德反思就是通常人们所说的反省或自省，即自我察看、自我审视和自我检查。人是具有反思能力的，能够将自身作为客体进行审视和评判，并不断对自身进行矫正。道德反思是一个人的品德形成的依据与基础。智慧型德育教师通常是善于进行道德自省的教师。无数事实表明，越富有道德智慧的人，往往越勤于道德自省。

三、智慧型教师的培养策略

教学实践智慧助力教师教学达到自由和美、融通共生境界的教学状态，使教学走向实践智慧的境界应当成为教师终其一生追求的一种专业境界。教师教学实践智慧的提升，需要意志品质，更离不开教学热情；需要理论知识，更离不开实践体验；需要教学行动，更离不开优秀的思维品质；需要教学预设，更看重教学生成。

---

❶　常虎温.教学反思刍议［J］.教育理论与实践，2016（11）：58.

1. 工作热情调动策略

饱满的教学热情是教师教学实践智慧生成的源泉。一个在教学中苦挨度日的教师是无从发展出自身的实践智慧的。教学实践智慧以教师积极的教学心态、饱满的教学热情为前提。而这来自教师内心对教育职业的热爱。一个具有教学实践智慧的教师，应具有强烈的职业信念和极大的教学热情，能感受到自身工作的价值感、创造感和职业使命感，从课堂教学中获得深层的愉悦体验。在职业追求过程中，教师将主动打开自己独特的心灵智慧宝库，探索与自己本性相契合的教学方式方法，发展出个性化的教学实践智慧。

那么，如何提升教师的教育教学热情呢？其一，从教师个体来说，应强化自身的职业荣誉感和使命感。因为只有教师认识到自身使命的光荣和任务的艰巨，才能激发更大的教学热情。在此基础上，教师要认识到自身热情对学生情感心理的影响，以情动人，以理服人，情理交融地开展教育教学。其二，就师资管理来说，应针对教师这一高知识群体敏感性高、自尊心强等特点选择更加人性化的管理方式，避免一些缺乏人文关怀的因素抑制教师的积极性。其三，就社会影响来说，教师教学实践智慧的养成有个人主观能动性的发挥，也需要客观外界因素的推动，因此，党和国家要站在国家命运和民族前途的高度，推动全社会尊师重教良好风气的形成。

2. 理论知识储备策略

丰富的理论储备是教师教学实践智慧生成的基础。理论和知识不等于智慧。教学实践智慧强调教学实践中的灵活应对。但这并不否定理论知识的重要性。教师不同于其他职业，它是一个专门从事知识学习、传播与创造的文化群体，丰富的理论知识储备虽然未必能促生教师的教学实践智慧，却是教学实践智慧生成的基础和必要条件。教育教学理论是多方面内容构成的复杂理论体系，在教师学习过程中，主要涉及如下几个层面的理论：一是教育基本理论。它为教师提供教育思想、教育精神、教育信仰、教育理念和教育思维，它的价值是精神性的，而非物质性和操作性的。二是教学理论。它为教师的教学实践提供一般规律性的认识，提升教师教学的理性思考和基本素养。三是课程理论。它可以提升教师的课程意识、课程能力。四是教材教法理论。它可以使教师对所教学科内容有整体感，从而在教学中充分把握和展示学科的独特魅力与价值。五是教学课例与案例。它是一种情境性和操作性较强的理论知识，对教师的课堂教学具有直接的示范作用。❶在教学实践过程中，教师正是适时地选择自身所储备的多重理论基础，并灵活地加以运用，才展现出其教学实践智慧的。

实际上，除了以上所涉及的教育教学公共理论知识之外，教师自身也能够成为理论知识的生产者。教师可以通过自己的体验、沉思和领悟总结出一系列关于教学的方法、技巧、策略等个人知识，它主要体现为教师的实践知识、情境知识，包括教师对自身价值观、生活目标、生存哲学、行事风格、个性特征、优缺点等与教学相关内容的了解和认识。总之，理论学习和理论储备是教师教学实践智慧养成的必要条件，没有了丰富的理论储备，教师的教学实践就成了无源之水、无本之木。

3. 应变能力提升策略

高超的临场应变能力是教师教学实践智慧的决定因素。教学过程可能体现为平静似水的场景，更会有一系列无法预设的随机行为，其发生具有一定的偶然性。教学实践智慧要求教育既要有教学过程按照教学预设的有序运行，又要有随时应对课堂偶发事件的灵活性。一定的教学预设是必要的，但教师要始终明了教学预设的不完备性、预设与实际的差距；要善于根据情况变化，创造性地进行教学活动。教师在教学过程中，应具有高度的灵活性，能巧妙、精确、发人深省地给人以指导、启发和教诲，具有观察的敏锐性、思维的灵活性、意志的果断性和处理问题的巧妙性。❷马克思·范梅南将这种高超的临场应变能力称为"教学机智"，他认为，"机智是瞬间知道该怎么

---

❶　余文森. 教学理论与教学实践的层级和关系［J］. 中国教育学刊，2010（9）：26.
❷　吴爱春. 发挥教学机智，处理突发事件［J］. 教育与探索，2003（11）：66.

做，一种与他人相处的临场智慧的才艺"❶。在变动的教学情境中，教师的临场应变能力非常重要。因为处在流变中的教学不时地出现一些起承转合，此时，教师没有过多的思考和论证时间，必须迅速而果断地进行机智应对。教师高超的临场应变能力即教学机智，是其教学实践智慧的重要表现和决定因素。教师应树立教学机智意识，丰富教学实践经验，自觉加强行动研究和叙事研究，并在课堂管理中追求人文性，从多方面促成教学机智的形成。

4.思维品质培养策略

优秀的思维品质是教师教学实践智慧生成的重要依托。教学实践智慧体现于动态变化的教学实践中，因此，需要教师具有优秀的思维品质，善于通过内省、反思获取教学实践中的各种隐性知识。教师的思维品质是可以有意识地加以提升的。教师应当不断加强自我锤炼，努力做到以下几点：一是发展良好的问题意识，即于动态生成变化着的教学情境中发现问题的意识和能力。二是及时进行教学反思，运用所倡导的理论对自己的教学实践或教学行为进行审视，找出其差距，分析形成差距的原因，从而改进自己的教学实践的过程。这是教师教学实践智慧生成的重要源泉。❷三是适时发现和总结个体经验感悟，总结自身的情境性知识，上升为实践智慧。教学实践的复杂与多变为个体教育观念的生成预留了丰富的空间。四是教学理论的合理整合。洞察并解决当下复杂教育情境中的种种问题，不能仅靠某单一理论，需要教师根据问题情况，进行理论选择，并经过优化组合，整合成一个富有智慧的策略思路与解决方案。不同的理论整合与实践操作将形成教师不同的教学风格和创造性的问题解决方式。总之，优秀的教师思维品质将有助于对教学复杂系多因素的统合和调控，是教师教学实践智慧生成的重要依托。

❶ 马克思·范梅南. 教学机智——教育智慧的意蕴［M］. 北京：教育科学出版社，2001：165.

❷ 谢泽源，卢敏. 教师教学实践智慧及其培养策略［J］. 江西教育科研，2006（10）：46.

第三节 智慧德育的内容

德育的内容应是来自道德实践的真问题，它是人生事务问题的提炼和总结，能促进主体道德精神的不断成长。学者吴安春曾将道德智慧归纳为宇宙道德智慧、生活道德智慧、生命道德智慧和人生道德智慧四重形态❶，笔者认为，从凸显道德主体的角度出发，可以将道德智慧依次区分为人生道德智慧、人际道德智慧、群己道德智慧和生态道德智慧。因此，智慧德育的内容相应地归结为人生智慧教育、人际智慧教育、群己智慧教育和生态智慧教育四项内容。

一、人生智慧教育

智慧德育应以人生智慧为重要的教学内容。人生智慧主要指涉的是人与自我关系的处理，是个体从人生的整体看待一切的一种姿态，是个体在成长过程中逐渐积累的有助于自我发展的一种经验，更是个体在现实生活中在掌握特定知识的基础上所拥有的能动性、创造性的实践能力。人生智慧关涉个体如何安身立命之根本，主要涉及个人品质。人生智慧指向人自身的和谐，即个人身心的和谐，个体生理健康、心理健康、精神健康，各个方面的能力素质得到很好的发挥，这才是一个和谐的人。一个具有人生智慧的人，懂得如何恰当地对待名与利、功与过、是与非，懂得如何用平和的心态对待生活中的不如意与遗憾，懂得如何保持一种平常心，使自己成为心态的主人，保持一种平和、恬淡的心态，在内心深处树立一种和谐的信念。智慧德育在启迪人生智慧的内容安排方面，应重点涉及以下方面。

---

❶ 吴安春. 回归道德智慧——转型期的道德教育与教师［M］. 北京：教育科学出版社，2004：33.

1. 生命教育

教育的过程应当是不断提升个体生命质量的过程。智慧德育应当将传递生命智慧作为自身的重要责任。"生命教育就是指对个体从出生到死亡的整个过程中，通过有目的、有计划、有组织地进行生存意识熏陶、生存能力培养和生命价值升华，最终使其生命质量充分展现的活动过程，其宗旨是珍惜生命，注重生命质量，凸现生命价值。"[1]生命教育包括生存意识教育、生存能力教育和生命质量提升教育三个层次。第一个层次是生存意识教育。生存意识教育，实际上也就是珍惜生命教育。这是生命教育的基础和首要前提。因为只有生命存在，才能谈得上发展和质量的问题。马克思主义认为，人的本质是一切社会关系的总和。的确，人活着，就意味着一定的责任和义务：作为子女，要赡养父母；作为父母，要抚养子女；作为员工，要在组织中尽职尽责、勤奋工作；作为教师，要为人师表，如此等等。在履行这一系列责任和义务过程中，人们创造着自己精彩的人生。而这一切，都要以生命存在为基本前提。每个人的生命都只有一次。任何轻生的念头和行为，都是不负责任的，都是对生命的一种亵渎。第二个层次是生存能力教育。这是个体生命得以延续的必要条件。目前我们的教育存在的一大问题，就是孩子的生存能力差，尤其是动手能力很差，这是年轻一代尤其是独生子们的一个普遍问题。在这方面，我们可以向日本借鉴相关经验。早在20世纪90年代中期，日本教育界就提出了"生存能力"的概念，并将其作为青少年培养的核心目标，不断探索各种有效途径，其中体验活动就是重要的探索成果，在培养学生的独立思考能力、解决问题的能力、人际交往及合作能力等方面都取得了显著成效。[2]第三个层次是生命质量提升教育，这是生命教育的最高层次。关于生命质量的探讨，突出体现于医学伦理学之中，如对不同生命质量的病人采取延续、维持、缩短、结束其生命的探讨。但实际上，生命质量体现在人的生命延续的整个区间。"生不如死"可以看作生命质量极度低下的表述。

---

[1] 许世平. 生命教育及层次分析 [J]. 中国教育学刊，2002（4）：6.
[2] 秦东兴. 体验活动：日本中小学生"生存能力"培养的有效途径 [J]. 比较教育研究，2017（11）：76.

而作为教育重要组成部分的道德教育，应以提升个体生命质量为己任。德育提升生命质量的过程，体现于引领个体认识自我、发现自我和肯定自我，充分发掘和发挥自己的人生价值，演绎精彩人生的过程。人不能只停留在维持"生存"的层面，要学会创造美好"生活"。生命的意义、生活的幸福，不是源于向社会索取了什么和索取了多少，而是在于为社会奉献了什么和奉献了多少。每个人都有索取，但只有在索取的基础上更好地回馈社会，才能真正拥有高质量的生命，即人生幸福。以上生命教育的三个层次并不是孤立的、逐层递进的，而是相互联系、相互渗透的。只有这三个层次的教育全面发展，并且成为一个有机的整体，生命才算有质量，才能说人生没有白过。

2. 人生观教育

德育面对的是人，教人懂得人生的价值和意义是智慧德育的重要内容。正如学者鲁洁指出的，"道德教育晓以人以生活的意义、人生的终极追求……使人们从各种不正确的价值观念与准则中解放出来"❶，这是德育应该具有的功能和价值。不同的人对什么样的人生有意义的理解是有差异的，所谓人生观就是指这样的道理。德育解读人生的意义，既是回答疑问的需要，也是为了人们有一个正确的人生观，进而有一个有意义的人生。新时代，习近平关于人生观的重要论述，强调理想信念在人生观中的至上地位，重视以社会主义核心价值观凝心聚力，坚持以人民为中心的价值立场和情怀，并将人生观问题提升到中华民族伟大复兴的高度，这昭示着中国共产党人在新时代自觉承担起传承和升华中国人的独特精神世界、建构广大人民群众信仰世界的时代使命，可以成为人生观教育的重要资源和基本遵循。❷

智慧德育关于人生观教育，在内容上应当涉及以下层次：一是确认人生有意义。人生是人生命的活动过程，人生的意义就是人的生命活动的意义。人生是不能离开活动的，人的生命活动本身就是其意义所在。人生意义的确定，对于个体发展来说十分重要。成功的人士千千万万，正是人生意义的确

---

❶ 鲁杰. 德育社会学［M］. 福州：福建教育出版社，1998：22.
❷ 郝书翠. 习近平关于人生观重要论述的四重向度［J］. 山东师范大学学报（人文社会科学版），2019（4）：56.

定，让他们的人生有了方向和目标。二是解读人生意义的内容。人生的意义是人在人生活动中追求的意义。那么人生有哪些活动，人又在活动中追求什么意义呢？人生的意义无非就是传承、体验、实现。人传承着生命和人类的文化；每个人都将体验人生的快乐和痛苦、幸福与不幸、成功与失败；人们应在有限的人生中实现自己的理想和价值。三是解读人生如何才有意义。人生的意义在于创造和奉献，人追求自己的价值实现唯有通过创造和奉献。每个人都应当认真思考，自己能够创造些什么和以什么来奉献这个世界。

3. 情感教育

道德情感是人类独有的高级情感，它是个体道德行为的重要内在动力系统。情感教育是与认知教育相对的概念。目前，我国学校德育中情感教育内容严重缺失，使得德育在某种程度上呈现出概念化、浅表化、教条化的状况。智慧德育在人生智慧教育方面，将情感教育内容放在重要位置上。

在情感教育过程中，要注意培养学生的情感能力。过去，人的情感素质在人的能力范畴中没有地位，现在应把它作为情感教育目标中的一个重要指标。朱小蔓在其所著《情感德育论》一书中，将情感能力分解为移情能力、情绪辨认能力、情感调控与表达能力、体验理解能力等。一是移情能力。移情能力是设身处地地理解他人感受的能力。心理实证研究证明，移情能促进亲社会行为的发生，是人类最重要的"亲社会性动机"。二是情绪辨认能力。情绪辨认，首先是对表情的辨认，其次是对别人或自己的内在感受、内在情感需求的辨认。三是情感调控与表达能力。它是指通过各种文化情境与人际情境，其消极情绪得到合理的宣泄，情感表达准确、合理而丰富，也就是说，人能够正确地表达情绪和抑制情绪，学会选择与最重要的价值相一致的方式对具体的情境作出反应。四是体验理解能力。它是指"与逻辑—理智理解相对的一种独特的理解方式，表现为个体在兴趣—关心的驱策下组织智力加工，对客体投入自己的主观情感，以神入、体验、主客融合、人我共感的情感状态把握客体，或者导致认知过程的阶段性完成，产生新的、更为高级复杂的感情性动机，如期待、希望等；或者形成对人和事的智慧处理，圆通把握"❶。在情感教育过程中，应当从上述诸种能力出发，采取有力措施加以教育。

当然，情感教育的具体实施，需要结合个体的年龄阶段特点，有计划地进行特定方面情感特质的重点培养，如对儿童，主要以快乐、兴趣为中心；在少年时期，以自尊、荣誉感为重点；在青年期，以理想自我与现实自我的同一感为中心，等等。同时要从各个方面有侧重地进行各种情感目标的培育，使得个体逐渐具有热爱生活、享受生命的情感；具有自知、自控、自尊、自爱的自我适应感、自我同一感；具有同情、仁慈、宽容、体谅、与人友好等各种积极的情感。情感教育的目的，是使受教育者表现出向善的心向和欲求，以最终达到善的要求。

4. 幸福教育

幸福是一种积极的人生体验，追求幸福是人生的永恒主题。苏霍姆林斯基在《给教师的建议》中曾经讲过，在教学大纲和教科书中，规定了给予学生的各种知识，但却没有给予学生最宝贵的东西，这就是——幸福。理想的教育是：培养真正的人，让每一个自己培养出来的人都能幸福地度过一生。这就是教育应该追求的恒久性、终极性价值。❷人生智慧的实存样态是幸福感。幸福教育作为智慧德育的重要内容，就是通过具有幸福感受和幸福教育能力的教育者，去培育受教育者，使其具有实现幸福人生而需要的幸福观、幸福品质和幸福获取能力这样一种教育。受教育者只有具备正确的幸福观、良好的幸福品质和获得幸福的能力，他的幸福才是自由和终身的，教育也才是成功的。为此，其一，教师要拥有一种物质、精神和心灵的幸福教育生活。因为在学校教育过程中，学生的幸福观、幸福品质和幸福能力需要从教师那里获得。教师的最高境界是把教育作为创造幸福的事业。缺乏幸福感的教师很难成功地向学生传递人生幸福体验。其二，教师不仅要与学生度过一段幸福的学习生活，而且要帮助他们获得一个幸福的人生。具体来说，幸

---

❶ 朱小蔓. 情感德育论［M］. 北京：人民教育出版社，2005：52.
❷ 高峰. 苏霍姆林斯基教育思想与幸福教育［J］. 比较教育研究，2010（3）：12-13.

福教育包括以下几个方面：一是幸福观教育。幸福观是人们关于幸福的根本看法和态度。幸福观教育就是要让学生学会正确处理幸福与痛苦的关系、个人幸福与社会幸福的关系、当前幸福与未来幸福的关系、创造幸福与享受幸福的关系。❶ 如果没有健康的幸福观，不了解什么是真正的幸福，就不会有幸福感，而幸福感是幸福产生、维持和强化的重要条件。因此，幸福观教育是幸福教育的起点。二是幸福品质教育。幸福既是一种外部的状态，又是一种内在的品质。幸福品质之所以成为一种特定的"品质"，是因为它是个人在行为中表现出来的稳定的、一贯的特点和倾向。人生之路自然不会一帆风顺，然而，拥有幸福品质的人，往往善于从积极的方面看待人生，并不断走出低谷。愉悦、积极的体验、道德素养等都属于幸福品质的重要因素。其中，道德素养是幸福教育的核心。良好的道德素养能够使个体正确看待和恰当处理人生的难题，感知生活的美好，达到内心的宁静与愉悦。幸福品质还包括一系列心理品质，因为幸福首先表现为一种心理体验。此外，包括自尊自爱、自立、诚实正直、积极进取、不怕困难、开拓进取、坚毅勇敢等精神品质同样是幸福的重要品质。三是幸福能力教育。幸福能力是一种综合性能力，它包括一定的道德评价能力、自我教育能力、辨别是非和抵制不良影响的能力、健康的人格能力、乐观生活的能力等。其中，乐观生活的能力是获得幸福的核心。乐观、积极的生活态度有助于人们正确地看待财富和地位，对待成功和挫败，对待自己和他人，合理调节自己的期望水平，引导个体达成对自我生命的认同和珍爱，从而获得人生幸福。

二、人际智慧教育

人际智慧就是人际关系处理智慧。人际关系，顾名思义，就是人与人之间的关系，是人们在生产或生活过程中建立的一种社会关系。社会中的每一个人，从一出生开始就有了自己的人际关系，如亲子关系；此后，随着社会交往的深入，人际关系日益复杂，形成一张巨大的人际关系网络。每一个人

---

❶ 李嘉美. 大学生幸福观教育研究 [J]. 吉首大学学报（社会科学版），2013（2）：124.

都有自己的人际关系网络。按照人际关系的性质，可以将人际关系区分为友好型关系和敌对型关系。增进人际智慧的目的是更好地营建和善、团结、互助的友好型人际关系，避免和减少厌恶、斗争、嫉妒的敌对型人际关系。从人际关系的纽带来看，人际关系包括亲情关系、业务关系、兴趣关系、地域关系等。道德的一个重要功能就在于调节人际关系，使人际关系趋于和谐。一般来说，和谐的人际关系应该具有一些共同特征，如相互平等、相互理解、团结互助、诚实守信、宽容大度等。

增进人际智慧，实现人与人之间的和谐共处是智慧德育的基本内容。道德是协调人际关系的重要机制。任何一个人，要获得和谐的人际关系，在交往中就必须遵守一些基本规则，如诚信原则、友善原则、宽容原则和互助原则。智慧德育重视增进人际智慧，以处理好个体与他人之间的关系。一般来说，人际关系最基本的可以大致分为家庭成员关系、朋友关系、同学或同事等同辈团体关系、上下级关系、与公共生活中的陌生人关系这样几个层次。每个层次的人际关系处理都有其特殊性。

1. 家庭成员关系

家庭是社会的细胞。家庭成员间关系的处理对于个人及社会发展都十分重要。随着时代的发展，目前家族关系已不像传统社会那样重要，核心家庭凸显。家庭成员间关系和谐，夫妻恩爱、子女懂事，这是社会和谐之根本。在这方面，也积淀了一系列智慧之识，如在亲子关系方面。古人十分重视这一关系，将之归为"父慈子孝"，古人把善待父母作为"人伦之本""百德之先"。在当代社会，以血缘和亲情为核心的伦理道德仍是社会伦理的必要基础。敬长孝亲作为传统德育，仍有存在之必要。当然，在新的历史条件下，应去除以往封建时代的那种愚孝的色彩，而更为强调父母子女间人格上的平等。子女对父母应当体恤和感恩，体恤父母为家庭的付出，感谢父母的养育之恩。

2. 朋友关系

朋友是人际关系的重要方面。大多数人的道德成长都从友谊中受损或获益，友谊是德育不可忽视的主题。智慧德育关注朋友间人际道德智慧教育，引导学生学会分担与分享，分担朋友的忧愁，提供力所能及的帮助；在朋友取得成就和业绩时，亦乐于分享朋友的快乐和成功；珍视友谊，理性地解决双方出现的矛盾；懂得负责，对于朋友的错误，能够以适当的方式对其规劝和帮助。

3. 伙伴（同学、同事、战友等同辈团体）关系

当下，在一个人的成长过程中，同学或同事是重要的社会关系。在学生阶段，处理好同学关系；在工作之后，处理好同事关系，对于人际交往和谐至关重要。在这一关系中，智慧德育应观照的核心道德原则主要包括：一是尊重和友善。每个人个性不同，家庭背景相异，但应学会尊重这些差异，公正待人。二是关心和帮助。互相帮助，体谅他人的困难，并感激别人的帮助。三是以正当的方式竞争。要正确处理伙伴关系，避免恶性竞争。

4. 上下级关系

要处理好上下级关系。社会组织的每个层级都有自己的职责和权限，而不同职责和权限之间具有一定的边界，要在组织事务处理过程中恰当把握这一边界。在一个人的职业生涯中，这是非常重要的课题，关系到职业体验与职业发展。要看到，在集体合作中，人们是有分工的，有人负主要责任，有人起配合作用，彼此协调才能最大限度地发挥个人优势，共同达成组织发展目标。为此，决不能相互嫉妒、相互拆台。

5. 与公共生活中的陌生人关系

随着市场经济的发展，人员的社会流动性加快，一个陌生人社会初具雏形。原来仅用于调节熟人社会中人际关系的"私德"已经不足以应对社会发展的需要，社会公德的重要性日益凸显。所谓公德，指的就是那些具有外部性的道德行为，即一个人的道德行为所影响的对象具有不确定性，用经济学话语来说就是具有"外部性"。社会公德深切关注公共生活和公共秩序，是新时代道德建设的重要领域。在这方面的核心道德原则包括：一是举止文

明，不妨碍和危害他人。二是尊重不同职业的人。三是诚信。❶

在当今的市场经济条件下，处理好竞争与合作的关系也是重要方面。要具有竞争与合作智慧。要认识到，竞争与合作不是截然对立的，而是相互渗透、相辅相成的。合作中有竞争，竞争中也有合作。在竞争中需要合作，需要互相关心、互相爱护、互相帮助。

在人生智慧与人际智慧的关系方面，应当认识到，人生智慧是人际智慧的基础材料。一个具有乐观、阳光、豁达、进取人格品质的人，往往待人真诚坦率、热情友好，从而在人际交往过程中更加具有人际吸引力。人际智慧具有独特的内涵。增进人际智慧，应着重锻炼以下几方面能力：一是人际认知能力。认知决定着一个人的行为。人际认知能力是个人在开展人际交往活动过程中，对交往对象的心理意图、目标行为进行推测的能力。良好的人际认知能力意味着个体能够比较全面地认识身边的人，选择合适的交往对象，以恰当的交往方式开展人际交往活动，从而为构建良好人际关系奠定坚实基础。在人际认知过程中，应注意避免"首因现象""晕轮现象"等影响全面准确进行人际认知的心理效应。二是人际应变能力。在人际交往中，常常会有一些不可预见的突发情况，能否妥善处理，考验着一个人的人际交往应变能力。一般来说，人际交往应变能力会随着人际经验的丰富而逐步提升。在一个人社会阅历浅、待人接物经验缺乏的情况下，往往在遇到突如其来的人际冲突时会显得茫然无措、进退失据。从这个意义上，人际交往应变能力是可以通过增加人际互动的频次、丰富人际互动的场景并在不断实践、反思中逐步增强的。也可以通过情境练习等实践操作来提升这一能力，增强快速恰当解决问题的应变能力。三是人际交往技巧。人际交往存在着一些技巧。这方面，人们已经总结出非常丰富的具体内容。其中首要的就是语言交流技巧。比如，话题的选择，要照顾到对方的兴趣；言语交流，要生动、有吸引力；肢体语言，要文明得体；同时，要注意倾听他人的心声，等等。应当说，任何人际交往技巧都不是与生俱来的，而是在不断学习和实践中逐渐获

---

❶ 李伟言. 重塑我们的道德生活——当代德育价值取向转型的理论研究 [M]. 北京：北京师范大学出版社，2012：145.

得的。智慧德育的实施，要求使学生通过系统学习、观摩来掌握人际交往的方法和技巧，并通过丰富多彩的社会实践活动加以锻炼。应当注意，人际智慧的提升绝不能单单诉诸语言、行为训练来达到一种整齐划一的交往模式，人际智慧的最深厚源泉在于人们内心深处看待世事人生的态度和道德操守。只有内外兼修，才能最终成就人际智慧。

三、群己智慧教育

人类作为大千世界万物之灵，在社会生活中首先要面对的是社会集体与个人的关系问题，即"群己关系"问题，由此，群己道德应运而生。群己道德产生于社会有序运行的需要，是维持社会活动秩序从而保障其有序运行的手段。对此，先哲们曾作出过许多论述："道德之立，所以利群也。"（梁启超语）"公益乃美德的目的。"（爱尔维修语）"道德的普遍目的就是在社会联系中建立起一种秩序。"（克拉夫特语）道德的一个重要功能，就是调整个人利益与社会利益的关系，使两者间保持适度的张力，实现必要的平衡。在一些时候，个人要作出必要的节制与或多或少的牺牲以维护社会公共利益，但普遍而长久的个人牺牲往往就是社会利益的违背，同样是一种不道德。智慧德育将群己关系处理视为自身的重要内容，以发展个体的群己关系处理技能、提升其群己智慧。"群己智慧"中的"群"包括多个层次。这里主要探讨个人与集体、个人与社会、个人与国家三个层面。

1. 正确处理个人与集体关系

人总是要过集体生活的。对于学生来说，集体可能意味着小组、班级、学校；对于成人来说，集体则更大程度上意味着其所供职的工作单位。广义的集体，包括政党、民族、国家。这里所说的集体是区别于社会和国家的狭义概念。如何调节处理个人与集体利益关系是群己关系处理的重要内容。集体的形成总是以共同利益为基础的，并且为实现共同利益为目的。在集体中的任何一员都有其相应的职责和义务，个人要学会履行职责和义务。人们应遵守集体的纪律，具有团队精神，有高度的整体意识。集体主义道德准则是我国社会主义道德的价值导向。务必坚持集体利益与个人利益相结合，个体的"自我牺牲"与社会的"利益补偿"相结合。

2. 正确处理个人与社会关系

人是社会中的人。这里所说的"社会"，主要包括社会组织、企事业单位、社区等范围，区别于国家。人与社会之间进行和谐互动需要诉诸一系列社会通道，至少涉及以下四个重要通道：一是社会组织。社会要发育，社会组织要建立健全，人们才能够有选择地加入特定社会组织之中，通过社会组织更好地发挥影响力。二是社会制度。社会各个方面要有相对完善的制度体制机制，人们在制度框架内和谐相处。三是社会法律。要有相对健全的法律。四是社会的道德规范。这四条通道要有边界、有底线，以供人们遵循，从而形成社会秩序。智慧德育要求个体能够认识社会环境，认识个人与社会互动的重要通道，并能够积极借助上述通道表达和发展自我，提高生活适应能力，积极践行和承担社会责任。在此方面，要强调这样几种品质：一是社会公德。由于传统原因，一些中国人的"圈子"意识浓重而公德意识有所欠缺，因此，应强化社会公德教育，使社会成员自觉遵守社会公德，并展现良好风貌。二是公平正义品质。公平是指按照一定的社会标准、正当的秩序合理地待人处事的道德品质。公平包含机会公平、过程公平和结果公平。正义包括社会正义、政治正义和法律正义等。公平正义是每一个现代社会孜孜以求的理想和目标，因此，许多国家都在尽可能加大公共服务和社会保障力度的同时，高度重视机会和过程的公平。三是责任意识。要认识到自身与社会组织的关系，并积极参与社会组织，愿意承担必要的社会责任。四是法治观念。掌握法律和社会秩序方面的道德意识和道德规范，认识法律在维护社会秩序中的重要作用，自觉维护法律的权威。

3. 正确处理个人与国家关系

每个人都隶属于特定的国家，国运兴衰与个人的幸福息息相关。智慧德育在处理个人与国家关系方面，重在进行如下方面教育，以培育社会成员的相关品质。一是爱国主义精神教育。培育社会成员的爱国品质，引导他们在认识国情基础上，热爱祖国，具有民族自尊心、自信心、自豪感，对中华民族的伟大复兴具有使命感，继承和弘扬中华民族的优秀道德传统，树立共同理想，立志报效祖国，成为国家的栋梁之才。二是公民意识教育。作为国家公民，个体对于国家要承担相应的责任。要引导社会成员树立公民意识和国家观念，具有公民的社会责任感；自觉行使公民权利和履行公民义务。三是政治素养教育。拥护党的领导，坚守"四个自信"，做到"两个维护"，树立为实现中华民族伟大复兴中国梦而奋斗的政治方向和理想志向，努力使自己成为具有共产主义觉悟的先进分子。四是法治观念教育。懂得依法治国是我国的治国方略，增强法律意识和法治观念，自觉遵守宪法、法律，懂得用法律保护自己。

四、生态智慧教育

人原本来自自然，人的生存状态与自然界中其他物种的存在状况息息相关。传统德育长久地将内容局限于人与人、人与社会关系的协调方面。随着20世纪六七十年代以来一系列生态危机的逐渐频发，人们越来越清楚地意识到，正确认识人与自然之间的关系，培养生态道德，建设生态文明，同样是德育需要关注的重要领域。智慧德育将生态道德纳入视野当中，并对以往德育理念进行了新的整合，它在传统的人际德育的基础上，把长期以来形成的道德原则和道德规范从社会领域扩展到自然领域。智慧德育要求人们不再简单地认为道德主要是调节人与社会、人与人之间的关系，它还要进一步规范和调节人与自然之间的关系。它倡导一种以整个生态系统及其存在物（包括人类）的整体利益为目标的价值伦理观，以提升社会成员的生态道德品质和素养、启迪人们的生态智慧。智慧德育认为，生态智慧的培养是德育的重要内容。智慧德育要在生态智慧教育方面，努力达到三种境界：求真——树立正确的自然观；扬善——实践人与自然的和谐发展；致美——开拓人与自然和谐发展的视野。❶具体来说，智慧德育在生态智慧教育方面，主要涉及以下内容。

---

❶ 韩小荣. 论高校环境教育的实施［J］. 黑龙江高教研究，2004（7）：50–51.

1. 生态世界观教育

世界观，是人们对世界的基本看法和观点。树立科学的世界观是正确处理人与自然关系的基础和前提。智慧德育拓展了德育领域，试图引导个体形成崭新的生态世界观。这一生态世界观的特点包括：一是强调整体性。将整个世界看作一个有机整体，这一整体由一系列相互联系的要素构成，要素间的相互联系使世界形成一个复杂的关系网络，而包括人在内的一切生物都是这一关系网络上的一个个"网结"。二是强调秩序性。世界是有秩序的，这一秩序源于要素间特定的结构方式。世界秩序不是静态的秩序，而是不断变化发展着的秩序。三是强调对自然界所有生命的尊重。自然界存在着一系列生命体，人类只是其中的一种。与其他生物相比，人类来到这个世界是相对较晚的，人类的健康生存和持续发展都有赖于同自然界其他生命的和睦相处。要尊重其他生命，不能肆意妄为，对自然界要取之有度。

2. 生态意识教育

人和人类社会在谋求自身发展过程中，总会不断地作用于自然界，对自然界产生一定的影响，包括生态环境污染、破坏、失衡等消极影响。生态意识教育要引导学生深刻认识人类对生态的影响，并对可能产生的消极影响保持高度的警惕。要认识到，人类从自然界中来，最后要到自然界中去，人与自然相处发生联系的过程中必须遵守一个前提，就是要遵守自然的规律，合理地开发利用资源，保护环境，否则我们就要受到自然的惩罚。通过生态意识教育使学生从人与自然相互依存、和睦相处的观点出发享用自然、享受生活，自觉养成爱护自然环境和生态系统的生态保护意识、思想觉悟，并推动形成全社会"热爱大自然""保护自然环境"的良好社会风尚。

3. 生态道德教育

生态道德是道德范畴中具有特殊含义的一部分，用以调节人与生态环境的关系，事实上，它集中体现为引导人们保护生态环境的一系列价值理念和道德行为规范。生态道德教育侧重于帮助学生学会判断人与自然关系中的是非善恶，自觉按照一定的善恶标准来选择、调节自己的生态道德行为。生态道德其实也是社会公德的一个独特内容。生态道德教育主要是围绕生态平衡、珍惜资源、保护环境这三个要素展开的。它从人类生存的根本利益出发，来处理人与自然关系中的当前和长远、局部和全局的关系，启发引导人们为了人类长远利益和整体利益，自觉维系生态平衡、加强环境保护和不可再生资源的可持续利用。

4. 生态法治观教育

生态智慧教育需要以马克思主义生态文明理论为指导，引导学生确立科学的生态法治观，具体来说，包括生态正义法治观、生态循环发展法治观和生态权责统一观。生态正义法治观教育可以使学生认识到，历史上任何社会的生态环境法规，都是对生态环境自然法则的一种权威化、定型化、法律现实化的统一。生态循环发展法治观教育可以引导学生认识到，保护生态平衡不等于抑制物质欲望和消极适应自然，不等于以物质窘迫的姿态简单回归自然。从循环经济的视角看，"废物"往往可以变为珍贵的"资源"，实现从"废物"到"资源"的转换，关键在于人的认识能力和科技发展水平的不断提升。生态权责统一观教育可以引导学生深刻认识到，"人既有改造自然的权利，也负有保护自然的义务和责任；如果人类单纯地重视自己的生态环境权，忽视生物圈内其他物种的同种权利，那么生态环境法则可能最终从根本上剥夺人类的权利" ❶。

5. 生态审美教育

在自然界中，美无处不在：蔚蓝的天空、一望无际的大海、和煦的阳光、广阔的原野……这一切都会给人以美的感受。生态智慧教育倡导在德育中融入生态审美元素，要通过展示自然界里具有审美意义的元素，使学生在德育实践中感受自然界的和谐之美，教育和引导学生学会热爱自然、热爱生

---

❶ 吕途，杨贺男. 马克思、恩格斯生态经济思想及其对生态环境法治观的启示 [J]. 企业经济，2011（9）：191-192.

活，养成正确的审美意识，并以美引真、导善。例如，可以在思想政治理论课教学中融入生态审美理念，安排相关内容，以提升思想政治理论课的吸引力、亲和力和感召力。❶ 生态审美教育可以使学生认识到，人与自然界的其他生命体不是单纯的征服与被征服关系，在某种意义上，人与其他生命体之间甚至是一种一损俱损、一荣俱荣的共生关系。

第四节　智慧德育的方法

智慧德育不仅是观念的，而且是实践的，要体现、落实到德育实践中。这里论及智慧德育的主要方法。从道德发生学的角度来看，道德具有高度情境化的特点，与社会实践紧密联系。受教育者道德认识的产生、道德情感的激发、道德意志的锻炼、道德信念的确立及道德行为的形成都离不开学生个体的现实生活和活动。从建构主义学习理论来看，学习是学生自身建构知识的过程，一个人德性的养成同样也是其积极主动的建构过程。在此过程中，个体的兴趣和需要，能够产生不可忽视的重要影响，推动或阻碍这一过程的进展。因此，德育方法的选择应当立足于学生的道德需要，致力于激发其道德兴趣，促进其道德认知、道德情感、道德意志、道德信念及道德行为的形成与转化。基于上述认识，智慧德育在具体方法上，倡导如下四种主要方法：依托情境的德育方法、注重体验的德育方法、反观内省的德育方法和以美育德的德育方法。

一、依托情境

智慧德育在教育过程中，体现为活泼灵动的德育过程，是教师优质教育

---

❶ 周芳，张丽娜. 高校思想政治理论课教学中的生态审美及其实现［J］. 学校党建与思想教育，2019（21）：67.

能力的显现，实质上指涉教师在德育实施过程中体现的实践智慧即德育智慧。德育智慧是德育行为的伴随物，具有高度的环境依存性，它的产生离不开德育情境。由此，智慧德育需要采用依托情境的德育方法。所谓情境，是指由客观与主观、客体与主体共同参与建构的特定时空环境。依托情境的德育方法，是指在德育过程中通过创设各种德育情境（如问题情境、成功情境、快乐情境、直观情境、美感情境、竞争情境等）来激发学生乐学动机进行有效德育的一种方法。

依托情境的德育方法对智慧德育的重要性，主要表现为以下方面：首先，它能为教师德育智慧提供场景。智慧德育在德育过程方面，强调教育者高超的教育智慧，因此，智慧德育总体来说属于实践智慧。教师的教育行为是一种情境活动。德育智慧的形成本身也是具有高度情境依赖的，依托于德育过程的流动性。智慧德育重视德育过程的变动性，认为变化是德育活动永恒的特征。这就要求教师在具体的德育情境中随机应变，而应变过程也就是德育智慧的展现过程。换言之，千变万化的德育实践活动使得教师的实践智慧永远处于发展、生成的过程中。其次，它契合了学生道德智慧形成的心理过程。"情境认知理论认为，人类活动是复杂的，包括了社会、物理和认知的因素。人们不是根据内心关于世界的符号表征行动的，而是直接通过与环境直接接触与互动来决定自身的行动的。"❶ 如果说一般意义上的教育尚且需要情境化，那么智慧德育对情境有着更加迫切的需要。在德育实施过程中，特别是在课堂教学中，存在许多抽象的内容。比如在核心概念教学实践中，很容易陷入抽象解读与理论说教的教育误区，从而影响教育效果。正如苏霍姆林斯基所言："如果教师不想方设法使学生进入情绪高昂和智力振奋的内心状态，就急于传授知识，那么这种知识只能使人产生冷漠的态度，而不动感情的脑力劳动就会带来疲倦。"❷ 核心概念具有很强的理论张力和现实解释力，只有结合具体情境，让学生主动参与思考、讨论、探索，才能激活学生的思维，提升德育课堂教学的实效性。最后，它为提高德育有效性奠定了情

❶ 高文. 情境学习与情境认知 [J]. 教育发展研究，2001（8）：31.
❷ 苏霍姆林斯基. 给教师的建议 [M]. 北京：教育科学出版社，1984：167.

境基础。德育效果取决于学生能否接受和内化相关道德价值观。而学生内化情感、价值观过程中，往往也与其情境体验紧密相关，有着对情境的高度依赖。情境性德育能够使学生将相关价值理念天衣无缝地与德育情境结合在一起并存储于学生的头脑中。学生在面对现实中不期而至的特定道德实践场景，需要进行道德判断、价值选择等行为时，往往呈现于学生脑中的不是干瘪的道德教条，学生会自主地调动起自身相关的情境记忆，再现特定的德育问题情境，回忆起某个特定时间和特定情境曾有的直接或间接道德经历。也就是说，学生的道德学习往往离不开具体情境。当学生在回忆某一德育经历时，如果对德育情境的印象清晰而生动，那么提取道德智慧的全面性与逼真性就会相应地提高。

依托情境的德育方法在理论方面主要基于建构主义的情境认知理论。建构主义认为，学习是一个积极主动、与情境联系紧密的自主操作活动，在这个过程中，知识、内容、能力等不能被训练或被吸收，而只能被建构。学习过程是主体已有知识与现实的外部情境相互作用的过程。这种建构过程不是从零开始，而总是以一个已有的知识结构作为基础。学习者在学习过程中，主动根据先前的认知结构，注意和有选择地知觉外在信息，利用自身已有的经验或认知解构、建构或重建认知与情感体系，建构当前事物的意义。

依托情境的德育方法要求德育教师加强情境意识，重视对教育情境的感知和理解。德育教师应将德育工作理解为一个流动的过程，认识到德育始终处于不断变动的日常生活场景中。教师必须重视把握德育情境中的独特性因素，在特定的德育情境中竭力采用合理的方式进行德育实践。依托情境的德育方法，要求德育教师正确理解和充分估价德育情境，并适时地主动建构德育情境。教师作为引导者，建构与德育内容相关的时空环境，带领学生在师生、生生互动的过程中，基于既有的感性认识，由对实然学习、生活、工作情境的分析，深化对相关知识性内容的理解，达到情感认同，强化践行意志。❶

依托情境的德育方法的运用，情境创设是关键。在情境创建的手段方

---

❶　牛涛. 基于情境创设的德育互动教学实践［J］. 教育参考，2015（3）：108.

面，可以根据德育内容的特点和学生的心理特点选择各种手段进行情境创设。比如，可以用图画、音乐、戏剧这些艺术手段创设情境，也可以以生活来展现情境，以实物来演示情境。在现实德育课堂教学中，最常用的情境创设手段是多媒体手段。多媒体可以适时地将图片、音乐、视频、动画等方式进行有效整合，情境创设形象、生动，能够在动态中给学生一种新异、真切的感受。随着办学条件的改善，运用多媒体手段进行情境创设，已日益显示出其优势。在德育情境创设方面，一些学校还尝试了实验方法，开发了德育情境教学模拟实验系列教学资源。德育情境教学模拟实验将现代教育技术引入高校德育教学过程，巧妙运用电教媒体，运用 Flash 动画等多媒体技术制作出精美的"仿真性"动画教学课件，学生通过上机操作的方式对教学软件中设计的道德情境作出价值选择，从中得到一定的态度体验，使其在体验中发展自我认识和自我教育能力。[1] 这同样是一种有效的德育方法。

　　情境创设方面，除了手段的选择之外，还应注意如下问题：一是注意选择真实的生活情境。真实的情境才能引导受教育者关注生活，引导受教育者对真实生活进行思考，也更易引起受教育者的积极参与。二是注意选择近期的情境。因为道德规范和受教育者对道德规范的认识都是发展变化的，近期的情境对受教育者的触动更大。受教育者对刚刚发生的事件体验最真实，教育效果最佳。如 2020 年春，我国全民经历了新型冠状病毒肺炎疫情的严峻挑战。在这一背景下，2020 年春季学期的德育课程，以抗击新型冠状病毒肺炎疫情为背景的情境创设很容易获得共鸣。三是选择有德育价值的情境。所谓有德育价值，一则指情境中反映的问题应该符合大多数受教育者的实际道德水平，对情境对策的选择也能为受教育者接受；二则指有分析研究的可能，对情境的认识、对策等有不同意见存在的可能。这可以为情境所蕴含的道德问题的分析探讨提供充足的空间。

---

　　[1] 包毅. 德育情境教学模拟实验：内涵、理论基础及其建构［J］. 现代教育科学，2012（7）：70.

二、注重体验

智慧德育旨在提升受教育者的道德智慧。道德智慧是人类把握世界、安身立命的根本，是人的生命存在状态。对道德智慧的把握和提升，需要个体通过理解和体验的方式加以把握。只有融于对象、进行体验，才能揭示人类精神世界的奥妙。体验生活是道德智慧生成的肥沃土壤，注重体验的德育方法，是智慧德育的重要方法。所谓注重体验的德育方法，是指教育者按照预定的教育内容和教育目标，科学、有效地创设问题情境，使受教育者亲身经历并启动心智去感受、领悟和内省，将认知内化并通过行为外化，实现认知、情感、道德和行为的和谐发展。❶ 这"是一个融知情意行为一体的内化系统，是培养受教育者学会用心灵去体验事物的一种能力，并在体验中实现身心和谐发展"❷。

体验是人类生存的基本方式，具有重要的德育价值。注重体验的德育方法具有一系列基本特征，主要包括：一是凸显主体性。体验必然是主体的体验，是主体自觉参与的过程，是主体唤醒自身的感受器官，觉察周遭的事物及其变化的过程。体验要求受教育者将自身主动置于现场去身临其境、用心感知，凸显了体验者的主体性。二是意义生成性。人是追求意义的生物，而体验是人生意义的重要生成器。体验是人类所特有的一种高级精神创造活动，在体验中，主体可以基于特定情境而又超越这一情境，生成一定的人生意义。三是情理交融性。情即情感，理即理性。在体验过程中，人们不仅要调动自己的理性，去确认特定情境"是什么"，分析其"为什么"，并决定自己"怎么办"，而且伴随着感官的参与，会依情境状况不同而相应地产生愉悦、愤慨、感动、激情、疑惑等一系列情感。也就是说，体验是情感和理性交融的产物，情绪、情感和认知都是体验发生的内在基础性因素。

道德体验是智慧德育的内在要求。体验在道德教育过程中具有重要价值，它是道德认知的催化剂、道德情感的生长剂、道德信念的稳定剂。道德

❶ 寇翔. 论高校体验式德育［J］. 学校党建与思想教育，2010（3）：67.
❷ 王攀峰. 走向生活体验的教育研究［J］. 江西教育科研，2003（8）：17.

体验在智慧德育中发挥着重要功能。第一，道德体验凸显了智慧德育中受教育者的主体性特征。体验具有直接性，不需要任何中介，完全由体验者自我主宰。在道德体验中，人的主体地位是最为真实的。体验只能是个体内心的体验和感悟，任何其他人都是无法代替的。第二，道德体验有助于道德境界的提升。道德境界是道德体验的结晶。一个人有什么样的人生体验，他就有可能成为什么样境界的人。人的境界的达成和表现都依赖于其对自己的生存实践和人生意义的体验。冯友兰曾解释说："人对于宇宙人生在某种程度上所有底觉解，因此，宇宙人生对于人所有底某种不同底意义，即构成人所有底某种境界。"❶体验有助于人们融通生存实践中的关系而获得渐悟或顿悟，体会到如海德格尔所说的在"出场的东西背后未出场的东西"。而每一次道德体验的发生，都可能会使人达到新的道德境界。❷第三，道德体验有助于道德智慧的生成。道德体验对道德主体而言，是自身向世界敞开心扉的历程，这一历程伴随着道德主体对生命意义的感悟和对世事的关切与领悟；在此过程中道德主体的世界观、人生观和价值观悄然得到锤炼，平凡的生活有了不平凡的意义。正如马斯洛所说，"正是由于体验，才使人们从平凡的生活中感悟到了不平凡的意义，感到自己窥见了终极真理、事物的本质和生活的奥秘，仿佛遮掩知识的幕一下子给拉开了……像突然步入了天堂，实现了奇迹，达到了尽善尽美"❸。第四，注重道德体验的德育方法契合了智慧德育的动态生成性。注重体验的德育方法把德育看成一个动态的、开放的过程，用变化发展的眼光加以审视，根据变化发展着的时代特点确定德育内容，选择具体德育方法。它有目的地为受教育者创造一个身心体验的环境与氛围，使受教育者在体验中达到自我感悟、自我认识、自我升华的内化效果。受教育者由被动的角色成为自觉的自我灵魂的塑造者。

依据体验生成机制，注重体验的德育方法应当注重下列基本环节：一是积极创设德育情境。体验对于情境具有高度依赖性。道德主体在特定情境

---

❶ 冯友兰. 贞元六书：下册［M］. 上海：华东师范大学出版社，1996：552.

❷ 张鸿燕. 体验式：高校德育有效路径之新探［J］. 首都师范大学学报（社会科学版），2010（1）：148.

❸ 马斯洛. 人的潜能与价值［M］. 北京：华夏出版社，1987：367.

下，往往会被情境中的各种因素所触动，产生相应的道德体验。触发情境体验的情境因素，既可能来自特定的音乐，也可能来自某个背景，或是某种其他形式的信息。智慧德育要求教师基于特定的德育目标，通过语言表达、图片欣赏、音乐烘托等多种方式创设富有感染力的德育情境，激发学生作为受教育者的道德情感，促使他们在情境中"入情""动情""移情"，进而使他们的道德情操得到陶冶和培养。二是注重进行师生对话。对话是一种语言沟通和情感交流过程。在师生对话过程中，双方将注意力投注在当下的对话内容上，其所蕴含的道德因素往往可以直接诱发学生相应的道德体验。师生之间通过有效对话，真实地呈现自身的经历与生活中的喜怒哀乐，能够较为有效地融通感情，使学生产生亲师感，这可以为进一步开展德育提供更好的人际前提。在德育实践中，教师要通过与学生开展对话建立一种真正的平等交往，这样有助于道德信息的有效传递，可以使学生对德育内容产生深刻的理解和领悟。三是开展各种实践活动。实践活动既可以在课内开展，也可以在课外进行。各种实践活动可以为学生获得道德体验提供重要契机。例如，在课内，可以通过辩论、表演、探究等实践来增进道德体验。在课外，可以通过参观爱国主义教育基地等实践来促发道德体验。智慧德育倡导学生走进生活、走进社会，通过各种实实在在的实践体验活动，实现认知和行为的统一。我国各地区红色资源现已得到较好的开发，可以充分利用现有条件强化德育效果。四是及时进行道德反思。道德反思是增进道德体验的重要途径。所谓"吾日三省吾身"，从某种意义上说，就是及时进行道德反思的鲜明写照。"道德反思是人的主体性的集中显现，它是以亲身经历为基础，进行理性思考，强调反省、内察和体悟，以求道德境界的不断提升。"❶ 道德反思是一个自我教育的过程，在反思自我道德行为过程中，道德主体常常能够获得深刻的思想体验，总结出的道德感悟往往会异常深刻。如果教师能够很好地引导学生及时进行道德反思，并适当加以引导，对于学生道德品质和道德境界的提升是非常有益的。

---

❶ 张鸿燕. 体验式：高校德育有效路径之新探［J］. 首都师范大学学报（社会科学版），2010（1）：151.

注重体验的德育方法在具体运用过程中，有如下相关策略可以供实际需要加以选择：一是回归生活策略。实践表明，越贴近生活的体验内容，越容易调动受教育者的道德体验，因此，应着眼生活，努力找到德育内容与社会生活的最佳联结点，让德育与社会生活实践紧密结合。二是活动创设策略。创设相关主题活动能够极大地提升受教育者的参与度，而受教育者参与活动的程度越深，其道德体验往往也越为深刻，活动中的真诚对话、交往互动等有助于受教育者实现主体精神的唤醒、道德境界的提升。创设的活动既可以是课堂或校内活动，也可以是校外由受教育者自主完成的某项实践活动。三是情感调动策略。人的情感性素质是个人道德的深刻基础。人只有基于特定情境或特定事件对某一道德行为产生积极情感，才能认同其内在的道德规则；而只有认同道德规则，才可能进一步在相应的道德场景中践行这一道德规则。积极而深刻的道德情感，将使得道德实践成为主体自觉自主的行为选择，即使在不被监督或无外力的条件下也能自觉遵循。因此，德育教师应注重挖掘情感因素，使受教育者在德育活动中能够调动起积极的道德情感，充分发挥道德情感的感染性、弥散性和激励性，从而提升体验效果，并使德育更具实效性。四是以人为本策略。这里，以人为本就是以受教育者为本。要真正从受教育者的体验、感受出发，对受教育者带有差异性的体验给予应有的理解和尊重。"感同身受"成为对教育者的素质要求。德育教师应当明确，只有以学生为主体，承认差异、尊重个性并给予理解和尊重，才能够更好地对学生可能存在的道德偏差进行有效的价值引导，使其获得道德启发和暗示，进而在体验中提升道德修养，发展德性素质。

总之，注重体验的德育方法，能够较好地实现德育与现实道德生活的衔接，有助于受教育者在自主性选择和探索性活动中体会世事人生的真谛，并以此为基础，成长为具有主体精神、良好品德和健全人格的人。

三、反观内省

道德智慧是一种内省性思维或品质。反观内省是道德智慧生成的基础，也是智慧德育的重要方法。

反观即反思，是一种精神的自我活动和自省方法，是思想反过来对自身的认识。内省即自省，是一种常见的道德修养方法，它主要诉诸道德主体的自我反省，在反省过程中，道德主体会回顾以往的道德品行，审视其是否合乎道德规范，从而加以肯定或否定。"内省"的道德修养方法早在中国古代即已存在。《论语·里仁》中有言："见贤思齐焉，见不贤而内自省也。"这就是在鼓励人们以他人为认识对象，在与他人的道德比较过程中得到警醒，不断勉励自身加强道德修养。反观内省的德育方法强调教师在德育工作中，要注重引导学生主动自觉地以自身的德行操守作为反思对象，省察其是非对错，并以反思结果为依据，调节自身的思想认识和言行，不断实现道德品质的自我超越。反观内省是受教育者在没有外力的压迫下主动自觉的行为，因此，这成为自我道德修养的重要方法。早在两千多年前，"内省""克制"就成为儒家学者的一种道德修养方法。孔子曾说："内省不疚，夫何忧何惧？"（《论语·颜渊》）意思是如果道德主体在自我反思之后无所愧疚，那么他就无可忧虑和恐惧，就会增强行为的信心和勇气。

　　反观内省的德育方法凸显了智慧德育的重要价值。首先，反观内省的德育方法能够促进智慧德育成为个体需要。反观内省过程是从道德主体的自我意识开始的，是道德主体自我求解的主动行为。在此过程中，对于道德主体而言，道德规范不再是一种外在的压力和束缚，而变成道德主体寻求道德提升的精神需要，成为发自内心的追求。其次，反观内省的德育方法能够促进个体的道德自我建立。道德自我是自我意识的道德方面或道德的自我意识，包括自我道德评价、自我道德形象、自我道德调节等。反观内省的德育方法可以帮助道德主体启动自主道德评判的道德修养机制，并在自我意识里将其"建档""立案"，有助于道德自我的主动建构。而道德自我的建立是个体道德智慧提升的题中应有之义。再次，反观内省的德育方法能够促进个体对生命的深层体悟。一个善于反观内省的人会更好地认识自己生命的特质和有限性，从而珍惜自己的生命，并在心中存有对他人他物乃至大自然恩泽的感念；在此基础上，才能超越自己生命的阈限，在有限的生命中创造人生的真正意义。而这正是智慧德育的内在要求。最后，反观内省的德育方法有助于提升个体道德境界。道德主体反观内省的过程，往往伴随着或肯定或否定，或愉悦或慨叹等一系列态度情感反馈的发生，而这又将极大地强化主体对道德信息的认识和理解，坚定其特定的道德信念，使其道德品行不断得到优化，并逐渐实现道德境界的提升。

应当指出，反观内省本质上是个体的行为。反观内省的德育方法，重点在于引导受教育者个体的自我反思内省活动。在这一方法运用过程中，要注意以下几个方面。

一是加强反观内省的价值引导。在受教育者反观内省过程中，总有一个价值观参照物即受教育者内在的思想价值观念，受教育者就是以其特定价值理念为前提和准绳进行道德反思的。这一价值观念如同一面"镜子"，照出受教育者道德品行之优劣。然而，如果这面"镜子"发生了偏差，变成了"哈哈镜"，那么就很难正确地"照"出道德主体的实际品行状况。因此，一定要注意引导受教育者树立正确的价值观。社会主义核心价值观理应成为当今社会所有公民首要的基本的价值观，那短短的24个字简明地勾勒出所有社会成员在国家、社会、个人三大领域的应有价值取向。这应当受到德育教师的高度重视。一定要使反观内省建立在正确的价值观基础上，只有这样，才能真正使反观内省发挥出其涵养德性的价值。

二是创设反观内省的条件。反观内省固然是道德主体的自主抉择，但德育工作者若能够帮助创设有助于受教育者反观内省的条件，则可很好地推动德育工作的顺利进行。这里所谓的条件，从德育风格来讲，应当注意教育过程的启发性，使学生有感悟的余地；从德育内容来说，应注意选择安排那些需要学生理解和感悟的涉及深层价值底蕴的道德话题；从德育形式来讲，既可以采取讲授形式，也可以采取课前准备＋课上研讨等形式，关键是给学生留有自由反思的环境和空间。如讲授，也可以通过必要的"留白"达到言有尽而意无穷的效果。

三是培养个体自我意识。自我意识是自我道德发展与完善的重要前提。马克思曾经说过，"道德的基础是人类精神的自律"。人之所以能够自律，是因为人具有自我意识。自我意识能使道德主体时时产生自我检省的需要，这一需要折射着道德主体内心真实而强烈的道德诉求，这本身就成为其道德完善的重要内驱力。受教育者的自我意识越强，其主体自觉意识就会增强，其反观内省的行为也越会出现并持之以恒。

四是重视和引导受教育者慎独。慎独出自《礼记·中庸》："莫见乎隐，莫显乎微，故君子慎其独也。"慎独首先是一种道德修养方法，是指道德主体在独处情况下照样严格要求自己谨慎行事。慎独也是一种能力，有慎独能力的人，无须外来监督和强制，就能表现出良好的行为方式和习惯。能够做到"慎独"，意味着道德主体达到了一种较高的精神境界。反观内省的德育方法，其最高境界就是引导受教育者成功达成"慎独"。为此，要注意为受教育者创造一个有利于"慎独"的学习和活动环境，为其留有相对独立的空间，避免过度"干涉"，引导其自我监督、自我控制和自我规范，努力趋向"慎独"的修为境界。

四、以美育德

智慧德育倡导以美育德的德育方法，致力于探索德育的艺术性。实践表明，美与德育常常并肩一路同行，融善于美，美才是真正的美；融美于善，善才更有生机活力。美善并举、以美育德，是实施智慧德育、优化德育效果的必由之路。具体而言，以美育德的德育方法，是根据学生在特定人生阶段的情感特点，将审美教育即美育运用于德育之中，发挥美育情理交融、润物无声和寓教于乐的道德转化作用，通过学生审美观念、审美情趣教育和审美能力培养来落实德育内容，以美的形式、美的色彩、美的内涵使德育过程呈现鲜明的审美特征。

以美育德是要求智慧德育主动与美育携手。美育（审美教育）原本是与德育并列的教育领域，它以美学为基础，对个体进行教育与熏陶，使学生树立正确的审美价值观，并提升学生的审美能力和审美创造力，引导受教育者按照美的规律净化心灵，以达到塑造完美人格的目的。❶它与德育在教育方式、教育内容等方面具有不同之处。但不可忽视的是，美育也在诸多方面与

---

❶　朱晓辉. 以美育德的高校审美教育研究［J］. 学理论，2013（24）：232.

德育存在着内在契合。以美育德方法意味着以审美教育为手段达到德育目标。以美育德成为一种德育方法，主要依据就在于美育与德育之间的契合之处使得德育可以借助美育更好地促进自身目标的达成。从美育的特点来看，它具有情理交融、意象统一和寓教于乐的特征，德育借助于美育的这些特征，能够实现德育过程的美化和愉悦化，通过陶冶人的情感，在轻松愉快的气氛中，潜移默化地促进道德学习，使人趋向于善。从德育自身来看，德育效果取决于学生是否基于积极的道德情感，自觉接受、认同和内化德育内容。在这一过程中，学生能够形成积极的道德情感是关键环节。而美育恰恰擅长进行人的情感熏陶，可以诉诸自然界或人类社会中的各种美的事物来激发受教育者积极的道德情感，助力受教育者实现道德升华，进而形成稳定的道德理念。不仅如此，事实上，以美育德的德育方法能够在知、情、意、行等德育过程的各环节实现德美相长。这一过程具体体现为以美化知、以美动情、以美炼意和以美致行这四个基本环节环环相扣的育德过程。其中，以美化知是基础，要通过美的呈现方式自然地传递道德知识和道德规范，使学生产生对于世事人生是非、善恶、美丑的认知判断和评价，提高道德认知能力。以美动情是关键，要通过激发学生对社会思想道德和行为产生爱憎、好恶等情绪态度，情动于衷，使学生不觉间获得道德判断的内心体验，陶冶道德情感。美能跨越师生之间的情感鸿沟，将个体的道德认知和道德情感统一起来，从而促进善的养成。以美炼意是重要环节，要使学生在辨识道德、情动于衷的基础上，提高道德自觉性，锻炼道德意志，使之转化为人的道德需求，形成坚定的道德信念。以美致行是归宿，是学生在接受道德认知、生成道德情感、形成道德信念的基础上，在现实生活中作出的道德行为反应。因此，德育应充分借助于美育实现方法创新，以美育德的德育方法即这一探索的称谓。

智慧德育倡导以美育德的德育方法具有重要的内在根源。其一，智慧德育在教育过程中指向德育教师基于教育灵感和教育机智从而挥洒自如的教育艺术境界，是教育美的典型体现。长期以来，德育强调外在理论灌输，知性有余而立美不足，影响了德育效能发挥。智慧德育天然地具有对教育美的内在需要，它体现为教师在高超的教育实践智慧下使德育呈现出的过程美。其二，智慧德育在教育效果上指向学生的道德智慧。而道德智慧体现为道德知识的真、道德取向的善和道德行为的美，是真、善、美的内在统一。一个具有道德智慧的人，不仅拥有丰富的道德知识和善的行为取向，更要体现为生活中的美，这种美是以真和善为基础的道德美，但并不能简单归结为真和善。由此可见，智慧德育有着以美育德的内在要求，离开了美的追求，智慧德育将变得无所适从。

智慧德育的实施，要求运用以美育德的德育方法。在实施过程中，可以从以下方面入手：一是实现教师"美"。教师是教学过程的主体。以美育德，教师应从自身做起，做到形象美、语言美和行为美。教师形象美并非意味着长相美，而更指教师的衣着、气质、性格、情趣等方面的美。语言美要求教师善于用优美的语言、富有逻辑性的谈吐、循循善诱的教诲进行德育，语言表达质朴真诚、富于感召力和哲理性。行为美是教师榜样作用的具体体现，它表现在品性素养、习惯爱好、待人接物等方面。教师要做到与人为善、谦虚谨慎、光明磊落、公正廉洁，真正起到为人师表的作用。二是实现师生关系"美"。教师要同学生建立和谐的审美关系。作为教师，要用真诚的情感、温和的语言和渊博的知识，有针对性地、饶有趣味地教育学生、感染学生，使其产生愉悦，从而乐于接受教育。而作为学生，相应地应当用虚心和诚恳的态度接受教育与关怀。只有建立起师生和谐的审美关系，德育才能收到事半功倍的效果。三是实现教学过程"美"。教师应尊重和理解学生的审美需要，善于将美融入德育过程中，根据内容灵活采取不同的教学方法，力求艺术化、个性化的教学风格，实现教学过程的美，寓教于乐，以情感人，以理服人。教师用美的理论、美的知识引导学生追求心灵的美好、道德的高尚，以此陶冶学生的情操。四是实现德育实践"美"。教师可以有目的地引导学生参加社会道德实践活动，使学生在欣赏自然美、艺术美、社会美的过程中，提升道德境界，达到育人目的。

第五章 智慧德育的当代价值

价值是客体满足主体需要的功能属性。相对于其他德育理论，智慧德育之所以被提出，是由于它能够更好地满足国家、社会及社会成员对德育的期待，具有多方面重要价值。本章主要从德育改革创新、和谐社会建设及人的全面发展三方面对智慧德育的当代价值进行剖析。

第一节 智慧德育促进德育改革创新

新时代中国德育面临着来自国内和国际范围内的一系列新挑战。如何迎接各种挑战与风险，切实提高德育实效性，以更好地促进个体发展和社会进步，是德育进一步发展需要研究的重要课题。当前，中国德育正处于变革时期，亟须以德育基本理论的突破带动德育的改革创新。智慧德育的提出，在很大程度上意味着对现代德育发展瓶颈的突破，并将引领未来德育的发展走向，具有重要的发展价值。

一、突破当下德育的发展瓶颈

在我国，德育长期遗留下一些重要的习惯定式，这使得德育进一步发展的空间受到限制。这些习惯定式中，尤为突出的就是德育的社会本位倾向和知识化、规训化倾向，这成为制约当下德育发展的重要瓶颈。

德育的社会本位具有其内在根源。在任何时代的任何国家，德育首先都是由统治阶级组织实施的有利于社会治理的有组织教育形式。维护国家安全和利益、实现国家生活对秩序的需要是德育存在的基本依据。事实上，从"德"的文字发展来看，"德"基本上是一个政治概念。[1]"德"最初是来自统治阶级对本阶级的要求，此后在长期发展过程中，"德"的含义从统治阶级对本阶级的要求逐渐演化为对包括被统治阶级在内的所有社会成员的要求，成为调整国家和个人之间关系的重要准则。自秦汉以后，中国历代统治者都把向百姓提出德性标准作为巩固自身统治的手段。当然，不同时代的德性要求有所差别。而基本趋势是，随着人类的发展进步，统治阶级代表国家提出的德性标准越来越能够代表国家多数人的意志和利益。社会主义国家从根本上说，是人民当家作主的国家，人民是国家和社会的主人。但是，社会主义国家依然有着对"德"乃至于德育的需求，需要以其对国家与人民之间、社会成员之间的关系进行协调。由此可见，国家生活需要德育，德育的社会本位存在着重要的社会历史依据。但是，德育的效果则取决于社会成员对它的接受和认同。如果德育仅仅从国家和社会需要出发而过于意识形态化，它就会招致社会成员的漠视和冷遇。因此，德育的改革，需要很好地协调国家需要、社会需要及个人需要，在三者之中找到一个最佳结合点。我国德育的现实情况是，德育在长期发展中，过于关注国家、社会需要，而对个体需要观照不足，意识形态色彩过于浓重。直到今日，中国德育价值取向依然存在着这一偏差，即在教育决策中，过于强调德育作为社会工具的外在价值，忽视社会成员的内在需要，没有很好地体现德育在培育个性、激发个人潜能等方面的发展价值。在中华人民共和国成立后尤其是"文化大革命"期间，德育一度被混同于政治教育。伴随着社会主义市场经济的深入发展，德育的价值取向逐渐发生转变，由为政治服务逐渐转向为经济服务，德育的功利取向日渐突出。从总体上来看，无论是服务政治还是服务经济，德育的社会本位状

---

[1]　王立仁. 德育价值论［M］. 北京：中国社会科学出版社，2004：4.

况始终一以贯之，长期徘徊在片面强调社会外在的工具性价值的道路上。如何引导德育实现从片面关注社会到以人为本，关注人，重视德育在完善个体道德品质和促进人的全面发展方面的转变，是当前德育改革创新的关键所在。

在社会本位价值取向偏差长期存在的同时，我国德育在具体实施过程中，也存在着重知识、重规训而轻智慧的发展倾向。德育专注于理论知识、道德规训的注入，习惯于传递、灌输某种道德价值观，形成知性德育、规训德育的基本模式。这种德育模式，从目的上看，对受教育者作为道德主体的存在加以漠视，企图将道德要求从外部硬灌给受教育者，这极易造就顺从、虚假的道德人格。从过程上看，这种德育模式的教育过程容易异化为受教育者配合教师完成预设德育方案的过程，这种机械的程式容易泯灭受教育者的情感、态度及个性。从方式上看，灌输、训练等简单办法容易使学生缺乏道德学习的乐趣，从而降低道德学习的主动性、自觉性，抑制学生潜在德性的自我发展。要消除知性德育、规训德育这种德育模式的弊端，学校德育必须加强改革创新。自 20 世纪 60 年代以来，学校知性德育"祛魅"问题已引起国内外学者的广泛关注。学校德育实现从重知识、重规训到重智慧的超越，应成为德育改革创新的一种新趋势。

智慧德育的提出，是基于学校德育发展的内在要求。智慧德育要求德育摆脱传统的发展理念。传统德育倾向于使受教育者就范，服务于某种固定的规范和信条。智慧德育则致力于把受教育者从僵化的道德禁锢中解放出来，使受教育者保持对现有价值体系和行为规范的独立思考，并在反省、批判理解的基础上作出自己的选择。这一过程有助于唤醒受教育者的道德自我意识，使他们感受到做人的尊严和美好，并在主体自觉基础上，趋向于知善、行善和向善。总之，智慧德育的实施，有助于德育焕发出感动人心的力量，更好地突破当下德育的发展瓶颈。

二、引领未来德育的发展走向

德育是使人真正成为人的事业，应当从人出发，以人为中心。然而，由于种种原因，在传统德育中这一理念存在着某种缺失。德育常被看作使人成"才"的工具制造活动。这种德育背离了人性的要求，与时代的进步相左，需要在德育的进一步发展中得到纠正。未来德育的发展走向已初现端倪，德育的人本化趋向是社会进步的需要，也为德育健康发展所必需。

德育的人本化趋向，其理论依据是以人为本，它以现实的人即学生为出发点，以人的需要和情感为动力，在德育过程中具有人文关怀，以促进学生德性发展完善为目的。❶ 理解德育的人本化趋向，需要把握以下几点：第一，德育要以人为出发点。就学校德育来说，就是以学生为出发点。从人出发还是从国家、社会出发，这是德育始终难解难分的问题。德育就其实施来看，一定要服务于政治统治和社会发展；但德育要更好地为人们所接受，必须将作为个体的人纳入视野，只有这样，德育才能得到个体的肯认，从而达到德育效果。当然，个人与社会、国家具有某种程度的一致性。随着时代的进步，个人与国家、社会的利益一致性逐渐上升，这也为从根本上实现德育人本化提供了重要基础。第二，德育要以学生的道德需要为动力。需要构成人行为的内驱力。道德需要是学生道德学习和德性发展的内在动力，是促使学生践行道德规范的根本。只有出自学生内心需要的道德学习和道德活动才是积极的、高效的。第三，德育要以人文关怀为主旋律。以往，德育缺乏对人的真诚关怀，学生被看成"道德之洞""美德袋"。即便存在对学生的"关怀"，也属于那种被扭曲的、功利性的"关怀"。德育的人本化趋向，要求真正实现人文关怀。这种关怀不仅是针对学生而言的，即教师对学生的关怀，而且也应同时指向教师，即社会和学校乃至学生对教师的关怀。第四，德育要以提升学生的德性为落脚点。德育是发展学生德性的活动。德性是人的重要本性，使人和动物得以区别，是人之为人的内在品质。尽管德性外在的表现是对国家、社会和他人的有用性，但其根本是人因有了德性而获得了人之为人的本质，从而具有了人的尊严、高贵和智慧。因此，人本化趋向的德育以提升学生的德性为落脚点。

德育的人本化趋向目前已经体现于一系列理论创新和实践探索之中。在

---

❶ 范树成. 当代学校德育范式转换与走向研究［M］. 北京：人民出版社，2011：327.

德育理论方面，生活德育理论、情感德育理论、德育美学观、生命德育理论和体验式德育理论等探索纷纷涌现。各种各样的本土化探索也在各地不断进行着。当前，面对德育的人本化取向，如何更好地结合我国实际情况创新德育基本理论显得尤为迫切。智慧德育的提出，是适应德育人本化趋向的重要举措。智慧德育试图构建一种全面提升道德智慧的德育模式，它更加注重个人的主体性，强调道德自我的教育达成。德育不再只是一种外在的附加，而是个体基于自身生存发展的内在诉求。需要指出的是，智慧德育对各种人本化德育主张持支持和赞赏的态度，认为德育的各种人本化探索可以为德育真正实现人本化从多个方面打通道路，有助于德育的发展完善。同时，智慧德育又不简单归于各种其他人本化德育理论。就智慧概念来说，具有根本性、整全性的意味，是对世事人生等根本性问题做完整的理解。德育以智慧为统领，将为德育人本化改革趋向提供一个极具涵容性的德育发展理念，能够更好地引领未来德育的发展走向。

第二节　智慧德育推动和谐社会构建

德育是德育工作者按照一定的社会或阶级要求，有目的、有计划、有系统地对受教育者施加思想、政治和道德等方面的影响，以培养受教育者品德的活动。按照一定社会或阶级要求来实施的德育，从其基本的价值取向来说，无疑是实现国家和社会的秩序化。这具体体现为德育的秩序解读、价值引导、利益协调等多方面价值。为了实现社会价值，德育对人提出一系列规范性和确定性的要求，以纪律为形式进行训诫、操练和奖惩，德育的任务似乎就是培养人的这些规定性。从某种程度上，德育凌驾于个人之上，以形成全社会步调一致的完美秩序为最终追求。然而，社会秩序的确立若损害了人的主体性，就将与党和国家构建社会主义和谐社会的要求相违背。构建社会主义和谐社会，是中国共产党从中国特色社会主义事业全局出发提出的一项重大战略任务，它是国家富强、民族振兴、人民幸福的重要保证。完成这一战略任务，需要人与人之间、人与社会之间乃至人与自然之间关系的和谐。而智慧德育的实施，对于推动社会主义和谐社会建设具有重要的价值，有助于培育社会协调发展的思维方式和营造社会包容开放的精神氛围。

一、培育社会协调发展的思维方式

"和谐"一词，字面含义即和睦、协调，是指事物配合得协调、匀称和适中。所谓"和谐社会"，就是社会系统中的各个组成部分即要素处于一种相互配合、协调适中的状态。从"主体"这一历史唯物主义研究的逻辑起点出发探究和谐社会，那么，和谐社会首要的是指"主体人"的和谐，即人与人、人与自然、人与社会的和谐。● 现代社会是一个利益主体多元化的社会。尤其是中国特色社会主义进入新时代，有效协调不同利益主体关系，妥善解决各种社会矛盾，不断提升人民群众的获得感、幸福感和安全感，成为和谐社会建设的关键所在。思想是行动的先导，思维方式决定着行为方式。构建人与人、人与自然、人与社会全面和谐的社会，不仅需要行动的努力，更需要科学的思维基础。科学的思维才能引导成功的实践。● 思维方式的优劣，在很大程度上制约着人们认知方式和行为方式的发展。传统德育的规训性质使其重视理论灌输而轻视人的道德思维能力和思维方式的训练，这与和谐社会建设的要求有所背离。和谐社会是社会文明演进的一种和谐优化状态。这一状态就是要利用社会有利因素，有效整合各种资源，充分调动和发挥社会成员的积极性、能动性、创造性，以形成一种组织合理、运行有序、功效优良、发展协调的社会进步状态。因此，构建和谐社会，必然要求人们确立优化的整合思维新方式，从而建立优化的认知方式和行为方式。

智慧德育有助于培育社会协调发展的思维方式，从而促进社会主义和谐社会建设。智慧德育的根本目的在于道德智慧的培养，而不是培养符合统一道德标准的道德成品。个体道德思维能力和思维方式培育是构成道德智慧的

● 孙乃龙."和谐社会"的主体理想性和现实性意蕴［J］. 重庆社会科学，2018（5）：52.
● 苏承英. 和谐思维：构建和谐社会的思维基础［J］. 毛泽东思想研究，2006（5）：110.

重要因素。就智慧本身来说，它是一种高度综合化、复杂化、系统化的人生经验、能力素质，是一种高级形态的人生本领，协调发展、统筹兼顾是智慧的题中应有之义。智慧德育在使受教育者掌握理论知识和道德规范的基础上，将训练其道德思维能力作为重要内容。它将系统理念涵容其中，主张用系统的观点，着眼于整体来考虑各种社会问题。就社会发展来说，尽管建设和谐社会过程中所出现的许多矛盾和问题的解决都要以经济发展为前提，但其他问题的解决，如城乡、区域、经济社会发展失衡，也会引发诸多社会矛盾和问题。因此，要使人们认识到片面追求某一方面发展的不合理性，在追求经济增长的同时，要兼顾经济社会协调发展。智慧德育内蕴着系统化和整体性，能够为和谐社会建设提供科学发展的思维方式。而这种着眼于整体、把握全局、统筹兼顾、协调发展的思维方式成为和谐社会建设所必需。在构建和谐社会中要善于把握系统与要素、整体与部分、全局与局部的互动关系，形成一种整体相关的和谐统一状态，使得整个社会获得全面协调可持续发展。智慧德育可以为和谐社会培育智慧型受教育者，他们具有丰富的道德人格和巧妙解决各种道德问题的道德智慧，并能够以其道德智慧获得人生幸福。智慧德育的目的和归宿是个体人生幸福的获得。❶ 而这种智慧型社会成员的培育，在社会发展过程中，将极大地体现其素质优势，有力地促进社会主义和谐社会建设和中华民族伟大复兴中国梦的实现。

二、营造社会包容开放的精神氛围

包容和开放是现代社会的重要特质。社会包容是个体和个体之间、不同群体之间或不同文化之间互相配合、互相适应的过程。开放是相对于封闭而言的，是个体或社会愿意与其他主体进行物质、能量、信息交换从而充实完善自己的状态。人类历史证明，封闭导致落后，开放促进繁荣。开放亦成为现代社会的重要表征。中国今日的发展繁荣在很大程度上得益于40多年改革开放的关键抉择，这也使开放精神逐步深入人心。随着现代社会的复杂化

---

❶ 黄富峰. 道德思维在道德教育中的地位和作用［J］. 中国德育，2008（8）：88.

和多样化加剧，包容与开放日益成为社会和谐的重要精神保障。社会主义和谐社会建设需要社会拥有包容开放的精神氛围，这是减缓社会矛盾和冲突的一条重要途径。在社会生活中，必然存在着一系列矛盾与冲突，如个人与社会之间的矛盾、个体的物质世界与精神世界的失衡、人的实然与应然存在状态的分裂。这些矛盾和冲突会演变成各种具体的人格冲突、人际冲突、利益冲突和观念冲突，从而对社会的和谐稳定造成一定程度的冲击。我们必须坚持和倡导包容开放的社会精神，并努力使之成为一种精神氛围，将化解矛盾和稳定社会作为构建社会主义和谐社会的落脚点。在中国改革开放的历史进程中，各种新事物、新问题层出不穷，社会从原有的同质化状况逐渐走向社会分层，社会成员利益差别日趋明显，城乡差距、地区差距、群体差距……所有这一切都考验着中国人的灵魂。面对这种社会现实，能否保持一种包容开放的精神状态，关系到社会发展和社会稳定。中国共产党提出构建社会主义和谐社会的发展目标，其重要目的就是要正确认识和妥善处理新形势下人民内部矛盾，协调社会主义市场经济条件下的复杂利益关系，促进社会成员得到更加公平的收入分配，从而使社会更加和谐。

相较于一般德育，智慧德育在培育社会包容开放的精神氛围方面具有以下特殊优势。

第一，智慧德育能够以其先进的德育理念促进社会包容开放精神氛围的形成。智慧德育理念的先进最突出地体现在它的超越性方面。智慧德育秉承智慧的超越性特质，要求德育超越和扬弃人际德育的狭窄视野，将整个自然生态整体纳入其中，尊重世界的整体性和事物多样性。智慧德育下的受教育者实际上是立足于"个体—社会—自然"的总体性生存系统之中的，他们能够将自我与自然、社会、他人的种种关系统观俯视，对与自然、社会、他人的关系进行更加深刻的认识与理解，使个体获得开阔的眼界和一种强烈的与周围世界的共生性意识。社会主义和谐社会建设需要人们用和谐的思维认识事物，用包容开放的态度看待差异和处理问题。智慧德育则以这种超越性使得受教育者具有一种高姿态，能够超越狭小的视野和偏狭的利益分歧，善于从全局出发，高屋建瓴地认识和对待世事人生，以相对超然的姿态来巧妙地协调各种关系，用一种包容开放的精神来看待这个世界。

第二，智慧德育能够以其含蕴道德智慧的德育内容促进社会包容开放精神氛围的形成。道德智慧是道德主体对周围关系世界的融通领悟能力。智慧德育以培育受教育者的道德智慧为己任，内蕴着包容和开放的意涵。智慧德育强调一种统整性，它超越了将世界看作单一、均质的简单社会的观念，承认社会的复杂性和差异性，重视从事物的复杂性和多样性中把握其关系逻辑，从而达到融会贯通的境界。因此，智慧德育能超越独断性，以求同存异为重要准则，通过智慧的解释使人们认识价值多元化的现实，认可不同意见和声音存在的正当性，并在多种价值选择中进行恰如其分的权衡和取舍。由此，智慧德育能够开拓人们的心胸、丰富人们的情感、提升人们释放压力的能力及理性判断的能力，使人们具备一种包容开放的精神状态，在"同中有异"和"异中有同"的辩证关系中正确处理好矛盾，从而促进社会和谐发展。

第三，智慧德育能够以其优质的德育效果培育社会包容开放的精神氛围。在市场经济条件下，一些社会成员迷失于利益的追逐，在多元价值取向的冲击下，模糊了理想、信念和高尚的道德追求，削弱了诚信和社会责任感；长此以往，社会凝聚力必然会受到损害，甚至导致社会分裂，社会主义和谐社会建设也将在一定程度上受到影响。智慧德育致力于引导人们以一种开放、平和、理性的态度来对待世事人生，强调人与自然、社会及个人之间包容、和谐相处的重要性，避免思想认识上的片面性和极端化，有助于形成尊重差异、关爱他人的良好社会环境。不仅如此，智慧德育还能够以其优质的德育效果，使和谐社会建设所需要的道德智慧和包容开放的精神氛围真正在头脑中扎根。其实，当人们对外部世界保持包容开放的心态时，内在的心灵世界也会更容易接收到外界的美善信息；对人际关系友善和谐的体验，会促使个体自觉放弃冲突和争斗念头，代之以充溢着真心感动的爱和理解。这样，人们就形成了良性循环的内生态关系，从而切实拥有了智慧体验。由此可见，智慧德育有助于培养人们的包容意识，促进求同存异、团结友爱、和睦相处，使人们以一种更加开放、平和的心态来对待周围的人和事。

总之，智慧德育所传授的道德规则不是简单、机械、教条的规则知识，而是能够回应社会生活复杂性的具有系统性、综合性和实践性的道德智慧。智慧德育有助于培育社会协调发展的思维方式和营造社会包容开放的精神氛围，有利于化解矛盾、凝聚人心、整合社会关系，从而推动社会主义和谐社会构建。

第三节　智慧德育促进人的全面发展

智慧德育的当代价值，不仅体现在促进德育改革创新和推动和谐社会构建方面，更体现为人的发展方面的价值。人的全面发展理论是马克思主义对人的发展状态的理想设计，是人类社会的发展目标。人的全面发展，作为马克思主义关于共产主义社会下人发展状况的构想，意味着所有人在所有方面都发展。尽管这一目标比较高远，但目标和现实的差距恰恰是促使人们不断努力的强大动力。相比于德育的现实缺憾，智慧德育能够更好地发挥促进人全面发展的价值。笔者认为，智慧德育至少可以在提升人才的道德素质和促进师生生命舒展两方面彰显其促进人的全面发展的重要价值。

一、提升人才的道德素质

人才是指具有一定的专业知识或专门技能，能够进行创造性劳动，并对社会有所贡献的人。关于人才素质，科学文化素质是基础，道德素质是关键。从一般意义上说，凡属德育，均具有提升人才道德素质的价值功能。智慧德育则因其以启迪人的道德智慧为旨归的独到优势，能够更好地承担起提升人才道德素质的价值功能。

智慧德育在内容安排上，突出德育的智慧特征，有助于学生道德智慧的发展。智慧德育虽然需要知识传授，但它不归于知识传授。事实上，无论智慧德育还是其他一般教育，都是以"告知"为特征来实现自己的价值的。智慧德育同样需要通过各种方式实现相关知识理论的"告知"。但究竟"告知"什么和如何"告知"，却有很大区别。智慧德育在内容安排方面不同于一般德育的地方在于，它不是将道德规训强加于受教育者，或者是将原因道理略做解释后不由分说地塞给受教育者。智慧德育重视培育学生的道德思维能力和道德判断能力，以此为重要目标，它重视阐发道德规则内在的逻辑和理路，并对其作出深层次的、富有启发性的解读，让人们真正以智慧的眼光看待道德规则，懂得规训背后的深层意蕴。智慧德育允许学生自由思考和充分表达，教师的重要责任是在此基础上适时地加以引导，高屋建瓴地引领学生作出恰当的权衡和选择，课堂教学力求超越知识传授而更好地发展学生的道德智慧。例如，对于"奉献"这一重要道德价值观，传统德育过多地强调个体奉献他人、奉献社会所具有的不容置辩的价值意义，甚至强调"无私奉献""毫不利己，专门利人"。尽管这对于提高个体道德品质和提升社会文明风尚有其意义，但与当今时代日益复杂的关系状态特别是市场经济逻辑存在内在冲突，容易引发质疑。智慧德育要求具有启发性地向学生进行价值引导，让学生在体会奉献这一高贵品质的同时，还要懂得奉献的限度和悖论。"不能把奉献作为一个人的经常性行为。如果社会和个人要求人们总是奉献，那么这种要求就是不道德的。让一个人没有自我的道德是不道德的。相反，总是奉献于一个人在正常的情况下也是不道德的，这同样也会使人丧失人格。"❶ 有人也许会说，从社会秩序着眼，强调奉献的意义即可，其他的如奉献的限度和悖论的阐释属于画蛇添足，容易成为一些人自私的托辞和拒绝奉献的借口。笔者认为，道德规则作为诉诸内心和舆论的软约束，人们遵行与否，原本无须找任何借口和托辞。奉献的高贵正是源于其自觉自愿特征。如果奉献成为强制，其已经超出奉献的范畴，也必将成为不道德。德育基于社会需要而无视个体生存状态与感受，只会导致德育因招致个体的拒斥从而失去其效用。

智慧德育提升人才道德素质的价值功能，不仅根植于其富于道德智慧的内容安排，还有赖于它充溢着教学实践智慧的德育过程。传统德育与一般教育一样，在实施过程上，强调标准化、规范化和程式化，教育过程俨然成了

---

❶ 王立仁. 德育价值论［J］. 中国社会科学出版社，2004：33.

按照既定教学预设在课堂中逐渐展开的过程。这样的教学过程，对于学生来说因其过于有条不紊而缺乏吸引力；对于教师来说，因其缺乏教育生成意识和教育机智，使得教师沦为千篇一律的"教书匠"。智慧德育认为，德育过程应当是活泼灵动的，尽管智慧德育也要进行教学预设，也要遵守基本的教育规程，但在实施过程中，它重视教师创造性的教学实践智慧，要求教育者不断提高自己的情境感知能力和临场发挥能力，始终对课堂的动态生成保持高度的敏感性，善于对教育情境敏锐捕捉、快速反应和恰当应对，适时地抓住有利的教学时机，从而不断将德育教学引向高潮、推向深入，使德育成为一门艺术。这为受教育者道德智慧的发展提供了重要前提。例如，笔者有一次在讲授"社会主义核心价值体系"这个问题时，看到课堂上有学生溜号、开小差，于是临时改变教学切入点，从"价值观"开始讲起，讲"价值观是一个人行为的内在动力，支配和调节着人的一切行为"，"每个人还会有价值观的排序及何者为核心价值观的问题"。笔者在以匈牙利爱国诗人裴多菲的《自由与爱情》（"生命诚可贵，爱情价更高；若为自由故，二者皆可抛"）来阐释裴多菲的核心价值观后，话锋一转，举例说，"现在咱们课堂上出现了开小差的情况，如做作业、看手机，咱们客观分析一下，这种行为的背后是怎样的价值排序和价值取舍啊？"笔者发现，开小差的学生立即讪笑着不好意思地抬起了头。这种方式，融纪律调控于教学内容讲解之中，自然而然又富有效果，从某种程度上，也可以说体现了教学灵动性，符合智慧德育呼唤教学实践智慧的要求。在智慧德育理念看来，教学不应当是生硬死板的，教学过程应当活泼灵动、充满新意，善于激发和利用教学灵感创造性地驾驭课堂。

智慧德育以其智慧性的德育内容和充满教学实践智慧的教学过程为依托，将导向一种前所未有的教育境界。智慧德育所培育的学生不是只会记诵理论知识和道德规训并机械地按照道德规训行事的个体；他们应当成为具有主体性、能够独立地进行辩证思考并善于创造性地运用道德规则来协调各方面关系的个体，最终指向全面发展人才的培养。毛泽东曾经对青年人说过："你们青年人朝气蓬勃，好像早晨八九点钟的太阳，希望寄托在你们身上。"也就是说，青少年代表着国家的希望，代表着国家的未来。而只有智慧个体才能更好地在全球化时代、在多元文化并存的社会中游刃有余地协调各种道德关系并泰然自处，实现智慧生存。智慧德育将以提升人才的道德素质为己任，更好地体现促进人的全面发展的价值。

二、促进师生的生命舒展

长期以来，在我国德育实践中，忽视对人性的深层体悟，对个体生命的丰富性和完整性观照不足，成为一个重要倾向。对道德知识和道德规训的过度强化，在一定程度上使德育异化为一种丧失德性发展原动力的规训活动，进而成为一种异己的力量。德育课学习较少出自个体基于兴趣与偏好的自觉自愿，而更多地基于学业、事业发展需要。德育对学生生命发展的作用有限。对于教师来说，问题似乎更加严重。长期以来，德育教师的职业生存状态令人担忧。他们更多地被看作国家道德的"卫道士"和政治信念的推行者，常常背负着沉重的社会使命前行。在学校中，德育教师的工作往往难以充分赢得学生的认可与尊重，事业成就感不足，甚至产生受挫的心理阴影。部分德育教师将自己的职业仅仅作为谋生的手段，甚至产生了明显的职业倦怠感，身心健康面临严峻挑战，教师职业发展表现出缓慢而沉重的特征。

马克思主义关于人的全面发展理论，凸显了以人为本的价值取向。人的发展，其目的不仅是人各方面技艺和素质的养成，人不应只被看作实现社会目的的工具，人的生命舒展本身就是最重要的价值。从人的发展视角来看待，德育原本就是为人的发展需要贡献力量的，其重要价值就在于回应当代人的道德需要、价值诉求，促进师生的生命舒展。智慧德育观照人的生命状态，力图唤醒人的自我意识、启迪人的精神世界、回应个体道德需求，最终指向人生幸福。"人的发展是自然生命与精神生命和谐统一的活动。如果说自然生命是人生命发展的物质基础。那么，精神生命就是人之所以为'人'、勃发生命力的根本保证，是个体和群体生命成长的动力源。"[1] 智慧德育追求培养和塑造人的精神生命，用智慧引导德育对象真切而独到地体验这个神奇

---

[1]　冯铁山. 诗意德育的多向度价值取向［J］. 教育理论与实践，2011（10）：42.

的生命世界，形成对生命意义的深刻感悟，使德性习得成为一个精神生命昂扬到升华的过程，最终形成积极和健全的道德人格。在智慧德育下，教育者和受教育者即师生双方都经历着生命世界真美善圆融意识的涌流，都感受到智慧的导引乃至聚合的能量，人的自豪感与尊严感被充分激发，其生命发展逐渐变得立体而完整。

值得一提的是，智慧德育促进生命发展的重要价值是兼济师生双方的。以往德育将关注点更多地投注于学生身上，教师作为整个教学过程的组织者和引导者，其生命状态较少受到真正的关注。尽管教育界关注到教师成长问题，但主要集中在教师的专业发展上，缺乏对教师生命的深切关怀。德育呼唤人性的回归。"以人为本"中"人"的要素理应包括教师和学生两个方面。"教育的真正对象是全面的人，是处在各种环境中的人，是担负着各种责任的人。"[1] 从终身教育的视角出发，教师也是教育的对象之一。他们的生命成长理应受到关注。智慧德育重视教师生命质量，关注教师职业幸福感。所谓教师职业幸福感，是指教师在自己的教育工作中自由实现自己的职业理想的一种教育主体生存状态。[2] 智慧德育主张使教师以主体的身份享受教育、享受生活、享受人生，在此基础上，教师才能够更好地用自己的生命体验启迪学生生命，激活学生生命，呵护学生生命，使师生共处生命意义交融、共生的理想状态，让学生更好地成长。可以说，智慧德育的重要价值之一，就是能够充实教师生命，促进教师的生命舒展。这也更加凸显了智慧德育有别于一般德育的优长。智慧德育促进教师生命发展的价值至少有两方面突出体现：一方面，体现为教师对生命的深切体验和对人生幸福的感受。幸福是生命的一种存在方式，是人生的目标。追求幸福是每个人的基本权利和生活动力。教师的幸福就是教师在自身的职业生涯特别是教育教学活动中自由实现个人职业理想的一种生存状态。教师应投身于有意义和价值的事业追求过程中，感悟生命的精彩和生活的馈赠，充分体现出对生命的关爱。智慧德育倡导提升教师生命、发展教师生命，让教师收获更多的幸福感。智慧德育下，

---

❶ 保尔·朗格朗. 终身教育引论［M］. 北京：中国对外翻译出版公司，1985：87.
❷ 张兆芹，庞春敏. 教师职业幸福感及其提升策略［J］. 教学与管理，2012（4）：25.

教师承担着充实自我生命与培植受教育者生命的双重责任，这要求德育教师用心体认和领悟自己独特而珍贵的生命历程，珍惜健康，热爱生活，劳逸结合，在职业人生中同样拥有健康舒适的体验，挖掘生命潜能，享受生活的乐趣，提升生命的品质，并带动学生对生命的体悟，努力推进师生生命的和谐发展。另一方面，智慧德育促进教师生命发展的价值还体现为教师对生命的自我超越。随着人类社会的文明和进步，教师日益成为社会中的庞大人群，承担着立德树人的艰巨使命。德育教师更是教师队伍中的独特组成部分，他们所承担的育人工作难度大、压力大，承受着各种外在与内在的压力。在智慧德育实施过程中，教师在德育事业中对生命意义和价值的追求，就是其自身生命的自我超越。智慧德育倡导德育教师应以一种积极主动、乐观恬静的心态去应对和化解职业压力，学会将压力转化为自我生命发展的难得资源，积极进取而非得过且过，渴望成功但不惧失败。教师实施智慧德育的历程就是不断在职业生涯中实现生命的自我超越的过程。作为一名智慧型德育教师，人生就要追求一种自我超越的境界，在从容应对各种挑战中获得经验的滋养和强大的力量，继而不断地成长和发展起来。总之，智慧德育呼唤着具有职业幸福感的智慧型德育教师的诞生。智慧德育在教师生命状态上，体现为具有职业幸福感和生命状态的舒展。

第六章 智慧德育的实践路径

智慧德育效果需要诉诸实践来达成，实践本身就是其目的。因此，在把握智慧德育理论与价值的基础上，有必要进一步探讨其实践路径。本章将从基本理念、指导原则和具体路径三方面来探讨智慧德育的实践路径。

第一节　树立智慧德育的基本理念

新时代需要造就具有新的道德理念的一代新人，而新的道德理念的确立有赖于德育理念的与时俱进。德育的变化发展，往往首先表现为德育理念的发展和变化。在人类长期的历史发展过程中，德育存在着知识化、物化、社会本位化、意识形态化等异化现象，甚至在某种程度上成为束缚人的桎梏。智慧德育是对以往德育历史进行深刻反思和对现实德育进行合理定位的结果。实施智慧德育，首先必须树立智慧德育的基本理念，把握实现德育转变的精神内核。

一、智慧德育的主题：提升个体道德智慧

德育主题是指德育的核心旨趣和主要内容。德育的核心主题就是讨论人

性向善，引导个体提升其精神境界、体认向善的方向和方式，展现人性的美好品质。随着时代的变迁和社会的发展，德育主题不断嬗变。智慧德育以提升个体道德智慧为其主题，意味着德育主题的一大创新。智慧德育致力于培育的是具有高尚道德人格、能够恰当处理实际道德问题、拥有道德智慧并获得人生幸福的道德主体。

那么，如何确证智慧德育提升个体道德智慧这一主题的正当性？

第一，将提升个体道德智慧作为智慧德育的主题，是新时代德育进一步发展的必由之路。德育是成就人的事业，从本质上说，人是道德的生命，是智慧的生命。中国特色社会主义进入新时代，人民对美好生活的向往日益强烈。而美好生活不仅来自丰足的物质条件，更来自充实、阳光的精神空间，来自人作为道德主体在处理世事人情过程中拥有的愉悦身心的道德体验。超越偏狭的道德境遇、通达应然的道德之域是人作为智慧生命的内在要求。因此，新时代德育必须遵循人的生命特征，开发人的智慧潜能，提升社会成员的道德智慧。❶智慧德育的实质是活跃、敏感、深刻的道德思维和道德实践能力的培养，它可以更好地适应新时代社会主要矛盾变化、满足人民美好道德生活的需要。

第二，将提升个体道德智慧作为智慧德育的主题，是社会成员主体意识不断增强的现实需要。主体意识的发展状况是衡量社会发展水平的标志，不同社会形态的主体意识表现出不同特征。❷尽管新时代中国社会不同群体的主体意识表现出差异和不平衡性，但毋庸置疑的是，社会成员的主体意识在总体水平上有了很大提升，并正在加速发展，这也成为未来的重要发展趋势。这无疑对德育提出了新的更高的要求。面对这个复杂多变的世界，人们拒绝不加思考地接受既定道德规范，强烈渴望独立思考、选择积极参与到现实道德生活的建构之中。道德智慧是个体对周围关系世界的融通领悟能力，是道德主体在面临各种道德问题时能够分析鉴别是非善恶，作出正确的道德判断和道德选择并付诸行动的能力。因此，提升个体道德智慧，以使其具有

---

❶ 曹树. 道德智慧生成：高校德育的主题［J］. 江苏高教，2006（1）：119.
❷ 陈鹏. 对当今中国主体意识群体的分析［J］. 毛泽东邓小平理论研究，2018（4）：37.

清醒的理性分析能力，具有对周围世界的善恶、美丑、是非、对错等社会价值进行正确道德判断的能力，使其能够自主地决定道德生活，这就成为新时代社会成员对德育发展的新期待。

第三，将提升个体道德智慧作为智慧德育的主题，是德育环境发展变化的客观要求。德育活动并非孤立的、封闭的、一成不变的存在，而是一个各要素相互联系的、开放的、动态发展的系统。[1]"蓬生麻中，不扶而直。"德育环境对个体的道德修养具有重要影响，因此，德育发展必须随环境变化而与时俱进。自 20 世纪 90 年代以来，我国社会步入了全方位的转型时期，社会开放程度逐渐提高，信息交流日益频繁、内外环境日趋繁杂，德育环境的可控性逐渐削弱。在多元文化之下，社会成员的道德取向也日益多样化，价值冲突日渐激烈。在这种情况下，提升学生的道德智慧，使学生具备独立应对复杂社会生活的道德鉴别、道德判断和道德选择能力理应成为德育的主题。智慧德育致力于培养具有道德智慧的道德主体，他们趋向于巧妙应对各种复杂现实道德生活，实现智慧生存和幸福人生，这理应成为未来德育的发展方向。

二、智慧德育的境界追求：自由、和谐、圆满

境界是"人对于宇宙人生在某种程度上所有底觉解，因此，宇宙人生对于人所有底某种不同底意义，即构成人所有底某种境界"[2]。从这个意义上，道德境界则是人在道德上的一种觉悟，以及人因这种觉悟而从道德中体验到的意义。它是个人在一定的历史时代、文化背景、社会体制及个人具体遭遇下所长期积淀起来的一种生活心态和生活方式。智慧德育在塑造个体道德智慧过程中，其境界追求集中体现为对自由、和谐、圆满的向往和趋赴。

---

[1]　魏然. 警惕德育生态中的"破窗效应"［J］. 人民论坛，2018（32）：112.
[2]　冯友兰. 冯友兰全集：第四卷［M］郑州：河南人民出版社，2000：463–627.

1. 自由是智慧德育的重要境界

智慧德育的终极旨意是实现人的道德自由境界。道德自由境界是指个人在认识、掌握道德必然规律的基础上，通过内化体现道德必然规律的道德原则和规范，从而达到一种"从心所欲不逾矩"的理想境界。❶"自由"作为智慧德育的境界追求，在这里有三个重要条件。

其一，"自由"境界要以掌握道德必然性为前提。事实上，自由就是人们对必然的认识并以此认识为基础对客观世界进行为我所用的改造。在哲学史上，斯宾诺莎明确提出了自由和必然的问题，提出"自由不在于随心所欲，而在于自由的必然性"（《斯宾诺莎文集》）。从道德必然性的角度看，孔子所谓的"从心所欲不逾矩"，这里所说的"矩"，就是一种道德必然性或者说是道德规律。也就是说，孔子所说的"从心所欲"从来就不是一种为所欲为，而是在道德必然限制下的自由。这种必然性，意味着道德原则和道德规范对于有德行的人来说，并不意味着难忍的禁锢和不堪的沉重；相反，它们可能是基于人性的普遍需要并符合人类社会发展的必然趋势。道德的自由境界意味着道德主体的从容中道。

其二，"自由"境界要以道德自主性为基础。自由首先要求人成为一种独立的、具有完整人格的主体，他们思想独立、情感自主、意志能动、行为自律，能够自由地开启其天性，生成道德智慧。道德自主性是道德自由品格的一个根本保障。在自由的道德境界中，个体履行道德并不是一种迫不得已，也不是实现其他利益的手段，而是自愿自主的，是彰显其人性的高贵、实现人之为人的自由的一种途径。

其三，"自由"境界要以个体道德觉悟为重要条件。所谓"觉悟是人对事物的必然性、意义与价值的一种体悟与觉醒，它使人不仅认识到事物的必然规律，而且还领会到事物对自身的意义与价值觉悟"❷。人作为有理性、能自主的生物，做事情总是以某种程度的觉悟为前提。没有觉悟，人的行为便沦为机械麻木的动作，而不会是自由自主自觉的行动。觉悟，使人摆脱机械

---

❶ 李建华，覃青必. 论道德自由境界［J］. 道德与文明，2008（2）：4.
❷ 李建华，覃青必. 论道德自由境界［J］. 道德与文明，2008（2）：8.

地或为某种外在目的做事的状况而成为深谙行为意义基础上的自觉行为，从而达到"从心所欲不逾矩"的自由境界。

总之，智慧德育以自由为自身的重要境界追求，力求诉诸教师自由的德育过程达成学生的自由道德之境。

2. 和谐是智慧德育的重要境界

"智慧"一词在原初的哲学意义上指的是一种类似神性的完整与完美状态。和谐是智慧的题中应有之义，也是智慧德育的境界追求。智慧德育所追求之和谐，可以从三个层面来理解。

一是智慧德育促进各道德主体实现身心和谐。智慧德育中的主体，既包括作为教育主导者的教师，也包括作为受教育者的学生。教师作为道德智慧的启迪和传播者，其自身理应是身心和谐的典范。他们对道德智慧及德育奥秘孜孜以求，在充实的德育之旅中泰然自得地享受德育职业成就感和人生幸福。学生在教师的循循善诱下，道德智慧逐渐萌发，在享受愉悦德育过程之余，也摆脱了功利、急躁、厌倦、无奈等负面情感体验，实现了自身的身心和谐。

二是智慧德育促进师生关系和谐融洽。智慧德育满足了学生对于提升自身道德境界和精神价值的渴求，学生对课堂教学内容充满期待，会充分调动自身听课的积极性、主动性和创造性，积极投入学习过程。教师将通过各种创新性德育方法，充分引领学生遨游道德智慧的海洋，领略人性的伟大和崇高。在教学过程中，教师着力激发学生的好奇心，去探索道德领域的玄妙和智慧。德育超越了单纯道德知识、道德规训的层次，而在更高的道德智慧的追寻下，学生潜移默化地把握了必要的道德知识和道德规训，呈现出师生关系的和谐状态。

三是智慧德育提升学生道德智慧。智慧德育是学生恰当应对道德关系所体现出的和谐状态。它在启迪学生道德智慧的目标之下，使学生在学习之外的人生中，以智慧审视人生，俯视人世间的各种纷繁复杂的世事关系，并做到从容不迫。在人际关系处理中，能够在遵守公共道德秩序基础上，进行公平竞争，在实现和谐的人际氛围中更好地实现自身发展。在天人关系中，适度利用自然，并以审美之视角去欣赏自然，达成人与自然之和谐共处。

3. 圆满是智慧德育的重要境界

"圆",《说文解字》释为"圆全也","圆"字之义,是像天一样完全。"满",意为全部充实,没有余地。圆满是各事各物皆能保持其原有立场,完满无缺而又为完整一体,且能交互融摄,毫无矛盾冲突。❶从总体上说,圆满有周全、融合、整体等核心内涵。圆满是道德智慧的重要特征,也是智慧德育的重要境界取向。作为智慧德育的境界追求,圆满具有如下意味。

其一,圆满意味着完整道德人格的养成。圆满之境是一种"极高明而道中庸"的境界,圆满在人生境界上指的是人的精神世界的完善。智慧德育追求圆满,就是追求完整人格的教育,体现为人发现真实本我的一种睿智,更是人觉察到世间万物同根同源的心灵觉悟状态。

其二,圆满意味着道德关系圆融。其不仅意味着人与人之间具有内在的、适切的、相互创生、相互提升的关系,而且意味着人与社会、人与自然之间那种你中有我、我中有你的水乳交融的关系。圆满是一种人类体悟自己与宇宙万物同源同体、相融共生的意识和能力,是个体发现人与人之间的一体感、发现生命的连带感、发现自我与世界的关联感。

其三,圆满意味着人生幸福的实现。人生幸福也即人生圆满。圆满作为智慧德育的境界取向,从根本上来说是指涉人的,以人生幸福为重要指征。智慧德育所追求之圆满境界是通过道德善的导引,使个体道德上无悔,且生命持久愉快、适意,在精神上心安理得地享受正当的幸福。这要求智慧德育植根于生活,以深厚的基础和强大的生命力,把个体引向人的生活世界,引导个体去积极建构完整的生活经验,在德性完满中体验人生幸福。

三、智慧德育理念的省思:必要的"乌托邦"

智慧德育凸显智慧特性,倡导德育教师以富于实践智慧的教育过程来提升个体道德智慧。智慧性是智慧德育有别于其他德育的基本特征。智慧性一

---

❶ 余安安. 残缺美的美学分析与文化探源 [J]. 中华文化论坛, 2015 (1): 87.

方面体现为受教育者道德智慧的提升，另一方面体现为教育者高超的德育实践智慧。就智慧德育的目标来说，其有别于知识德育、规则本位德育。智慧德育意味着受教育者不仅要掌握道德知识、升华道德情感、锻炼道德意志，并能够外化为相应的道德行为，而且意味着受教育者道德智慧的全面提升。个体拥有道德智慧意味着该个体并非出于对道德规训的机械遵行，而是基于对世事人生的通达而自觉自愿为之。就智慧德育效果的取得而言，意味着德育教师能够根据德育目标合理安排德育内容，把握德育过程，机智而巧妙地应对德育问题，恰如其分地启迪学生的道德智慧，使学生领悟道德的真谛，并具有判断、选择、信奉和遵循相关道德的能力素质。由此可见，智慧德育的达成，意味着德育超越现实中是非对错的简单判别而进入一种自由的境界、应然的世界，升华为人类这种高级生命体独有的具有审美特征的道德关系状态。为此，智慧德育可能会遭到一些人的质疑，质疑智慧德育将沦为一种虚渺的"乌托邦"。

乌托邦（Utopia）一词的原提出者是古希腊哲学家柏拉图，本意是"没有的地方"或者"好地方"。乌托邦往往被用来表示某些美好的却无法实现的（或几乎无法实现的）建议、愿望、计划等。乌托邦往往产生于纯粹精神世界的关于应当如何的理想，同时意味着对日常生活实践的批判、对社会变革的争取、对现实行动的规划。❶事实上，今天的我们尤其需要乌托邦式的思维，永葆形而上学追求真理精神的活力，尽管绝对理想的境界是难以达到或者是不存在的。

如果对智慧德育的理念进行深刻的省思，我们会发现智慧德育具有现实性与超越性的双重特性。它一方面根植于现实生活中人的需要特性，具有脚踏实地的实在特征；另一方面，它着实具有某种程度的"乌托邦"特征。但这一特征是必要的，是教育的内在需要和人类发展的必然要求。

我们可以把人类历史看成人们为改善生存状态所做的不断突破物质和精神的历史局限性的努力。德育在这一过程中能够为人类突破精神局限性作

---

❶　理查德·J. 伯恩斯坦，杨海苏. 形而上学、批判和乌托邦［J］. 国外理论动态，2017（10）：82.

出重要贡献。毫无疑问，德育不应脱离生活，而应关注人类生存的现实境况。但德育回归生活也要求它能够实事求是、理直气壮地在社会生活中弘扬正气、彰显崇高、追求卓越。"德育的乌托邦式超越，即德育不满足于现状，为能在理论上和实践上能动地把握实际，不断地提高自身的认识能力和实践能力。"❶ 德育不是梦，却不能没有梦。它是现实的，也是理想的。如果德育仅仅满足于适应现实而踌躇不前，它就无法尽显其对个体和整个社会的引领功能，从而泯灭其拥抱理想的激情。

智慧德育凸显了德育的理想性与超越性，它是德育不偏安于现状的一隅而不断趋赴的德育境界追求，从某种程度上，成为德育的一种乌托邦式超越。智慧德育的超越性是德育不可缺失的本质。没有超越性，就没有道德生活，也没有完整的人的生活；没有超越性，德育更会失去存在的理由。德育脱离现实固然是不可取的，但目前德育面临的重要问题是德育过于"接地气"，视仁爱、卓越、崇高等基本德性为虚妄。德育的重要使命就是要使学生的人格健全、人性完善。德育如果失去了超越特征而沦为纯粹的道德规则教育，那它就有被完全消解的危险。

可见，智慧德育是一种基于历史与现实的、指向未来的前瞻性德育模式。它意欲克服知识德育、规则本位德育、灌输德育等现实德育危机而对德育提出新的境界取向。这种德育理论是一种理想，也是一种现实。智慧德育能够超越过去和现实，具有某种指向未来的超越性，勾画了一幅理想德育的蓝图。但它却不是可望而不可即的。智慧德育有其自身内在的特殊理论品格。这种品格，首先表现在它与生活的关系中。一方面，智慧德育源于生活、植根于生活，甚至可以说它就在人的生活之中，并以实现生活的美好与真诚及社会的进步与可持续发展为己任。作为智慧德育结果体现的个体道德智慧是具有层次性的，可以经过努力逐渐达成。另一方面，智慧德育对生活又具有超越性品格，德育超越生活，才可能把握内在于生活的人性逻辑，对生活起到提升和导向的作用。强调德育的乌托邦属性是因为现实与理想是受教育者生存和发展的两个重要维度，适应性与超越性就

---

❶ 彭未名. 交往德育论［M］. 太原：山西教育出版社，2010：368.

如同德育目标的"车之两轮"和"鸟之两翼",缺一不可。在社会转型期,当世俗的声音前所未有地放大了分贝,而理想的激情却遭遇重重挤压,值此之时,张扬德育的乌托邦精神恐怕比一味地强调其对现实的适应与妥协更具针对性。

智慧德育能提供对德育问题的一种观点和理解方式。这种德育理念对于个体生存和发展具有重大意义。智慧德育中的价值观念更新、精神境界提升,意味着基于人的本性的德育方式、生活方式的根本性变革。的确,智慧德育是理想的,是面向未来的,它在可预见的社会条件下不可能全面实现。这正如我们目前还很难想象我们周围人都成为孔子或苏格拉底式的智慧者。但只要人类需要道德智慧,渴望美好和真诚的、更有价值意义的生活,智慧德育就有其存在的必要。而智慧德育的践行过程就是个体道德智慧不断提升、全社会道德境界逐步升华的过程。

第二节　确立智慧德育的指导原则

德育原则,又称德育实施原则,是实施德育时必须遵循的基本要求,也是处理德育过程中一些基本关系和矛盾的基本准则。它构成德育体系的重要组成部分。德育原则从德育实践中产生,是德育经验的理论概括;同时,又能正确地反映德育规律,是人们对德育规律性的认识和总结。智慧德育的实践既需要把握基本理念,又需要把握实施原则。实施智慧德育的指导原则主要包括共性与个体辩证统一的原则、现实性与超越性结合的原则、知情意行统筹的整体化原则和预设与动态生成并重的原则。

一、共性与个性辩证统一的原则

任何事物和现象都是个性和共性的统一体。正确处理个性与共性的关系是包括德育在内的社会实践中的重要问题。不懂得它们的关系,就是不懂得事物矛盾的问题的精髓，等于抛弃了辩证法。❶ 然而，长期以来，我们的德育过多地强调"共性"，用具有共性的德育要求培育学生的共性道德品质，忽视个性的发展和完善。智慧德育坚持以人的发展为本的教育理念，在承认共性品质基础上，力求更好地引导个体的个性发展，在共性与个性的辩证统一中更好地发展个体的道德智慧。

智慧德育并不排斥共性，而且认为共性是有层次的。智慧德育需要遵循德育的一般规律和人的品德形成规律等具体规律，支持教育者站在国家乃至整个人类发展的高度，自觉履行国家和人类发展的共性伦理。德育的基本规范，如基本目标、基本内容、基本过程、基本要求都属于共性层面内容。在现阶段智慧德育仍将以爱国主义、集体主义和社会主义教育为重点，着重于基础道德及其规范的养成教育，这是智慧德育在国家层面上的共性要求。智慧德育在实施过程中，需要重视那些普遍公认的德育理论和实践成果，也应把握学生的总体特点和德育的一般规律。

另外，在这个个性张扬的时代，德育也必须不断与时俱进。全球化大潮的汹涌澎湃，使世界上每个角落的文化之花都有机会在全人类面前傲然绽放，极大地丰富了文化的多样性；市场经济的迅速发展，使社会成员作为消费者的个性需求受到前所未有的尊重，推动了个性化表达的合理化和人们对独特个性的尊重。在这一背景下，德育的前进方向应当是兼顾其共性意义与个性要求的。德育应当承认每个受教育者都是具有独特个性的、独一无二的个体。德育的任务，不是压抑其个性表达，模塑其道德行为，而恰恰相反，德育应当帮助受教育者优雅而恰如其分地表现这种个性，并使其个性向着有利于潜能展现的方向发展。智慧德育以智慧为引领，智慧在本质上是高度个性化的。智慧德育是对人的道德智慧潜能的全面开发，它主张唤醒人的主体精神，激发人的创新精神和实践能力，认为不同道德主体在共享人类特性的同时，还具有个体的独特道德需求。智慧德育尊重学生的差异性，接纳个体在成长过程中的差异化表现，尊重学生依据自己的个性特点选择自己发展方

---

❶ 曹应旺. 毛泽东是怎样处理个性共性关系的——以抗日战争视角观察［J］. 湖南科技大学学报（社会科学版），2015（6）：1.

式的权利，而拒绝用一个标准来要求学生，因而具有宽容性。智慧德育在目标制定上，重视每个人及其个性的不断发展和完善，尽可能尊重个体按自己的路径向发展道德智慧的总目标前进；在实施方法上，尊重人的主体性即每个人的主动性和差异性，让学生在一个互相尊重的氛围中愉快地发展，主张因材施教、因地制宜。正源于智慧德育尊重学生个性的原则，对学生来说，智慧德育意味着根据学生特点进行因材施教；对教师而言，智慧德育意味着强调教师学会独立思考，学会走自己的路，逐渐形成独特的个体经验和富有个性魅力的德育风格。

二、现实性与超越性结合的原则

人的生存既是一种有限生存，又是一种无限生存。在有限与无限之间寻求人的生存价值与意义、探索超越生存有限性的可能与途径从来就没有停止过。[1]现实与超越构成人类社会实践中两种彼此区别又相互联系的生存样态。而现实性与超越性相结合是智慧德育的重要原则。超越性是道德主体在理想的指引下对现实生活的超越，它根植于人性的超越诉求。人类的本性决定了人将永远处于从现实奔向理想的过程中。超越性是人自由自觉的本性的体现。相比于一般德育，智慧德育更加强调超越性。智慧德育观照人性需要，自觉以发展人的道德智慧为旨归。超越性是道德智慧的内在本质。道德智慧深深地根植于人类追求真善美的道德实践和价值目标，贯通着宇宙、自然、社会、人生等人类重大命题。可见，对道德智慧的寻求凸显了智慧德育的超越性。智慧德育所关注的，不是人际交往的技能技巧和参与社会生活的智识才能，而是可以改变人类生存状态、形成人生信念、寻求人生福祉的终极关怀。智慧德育以道德信念、道德理想等为依托，其旨趣在于给受教育者一种价值归属感，使其心灵得到安顿，使其精神拥有得以栖息的家园。道德信念和道德理想是一种崇高、神圣的期盼，它给人一种理智的幸福感，它超越了功利主义道德的快乐，将人们引导到崇高、理智、幸福的境界。智慧德育的超越性能给道德主体带来享用性，可使个体从中体验到满足、快乐、幸福。智慧德育有助于个体以道德完善为目标追求，在对目标的追求中完成理想对现实的超越和升华，从自身道德的不断发展完善中得到精神上的愉悦与人生幸福。因此，超越性能够成为智慧德育的重要指导原则。

另外，智慧德育也要紧密结合时代和社会发展实际，符合现实性原则。智慧德育不是抽象的存在，不是空中楼阁，不是可望而不可即的虚渺想象，它是从人的发展需要和社会生活实际出发的，必须和特定的社会发展阶段相结合。立足实际、与时俱进，是智慧德育发展的内在要求。当前，智慧德育面对德育国内外条件的深刻变化和改革开放与现代化建设这个大局，必须将超越性与现实性结合起来，指引德育更好地满足个体发展和社会进步的需要。

三、知情意行统筹的整体化原则

长期以来，德育常被作为道德知识必修课加以推行，以应试为重要目的，远离生活，也使学生在心理上对其感到疏远。智慧德育认为，德育的最终目的是孕育和激发学生的道德智慧。这种智慧的孕育过程不仅需要以道德认知为基础，更要以道德情感为推动，以道德意志为依托，以道德行为为体现。智慧德育在实施过程中要遵循知情意行统筹的整体化原则。

"知"即道德认知，它是道德智慧生成的基础，也是智慧德育的重要起点。拥有道德智慧，意味着能够灵活运用道德知识去处理道德情境中的复杂关系问题。但道德智慧并不仅仅是道德知识的简单堆积，知识不等于智慧。在通往道德智慧的道路上，徒有道德知识远远不够，还需要情感、意志、行为并举，方能成就道德智慧。鉴于传统德育对道德认识的片面强调，智慧德育理念在纠偏过程中，更为强调道德认知之外的内容，但这并非漠视道德认知的地位和作用。

"情"即道德情感，它是人们基于一定的道德认知而对现实的道德关系与道德行为产生的一种爱憎好恶的情绪体验和态度倾向。道德情感是人类维系道德的重要手段，也是通往道德智慧的关键环节。就智慧德育与道德情感之间的关系而言，一方面，道德情感是道德智慧的重要组成部分，即体现为道德情感智慧，对智慧德育而言，是一种很重要的智慧成分，它可以在较高的程度上维系人对于道德智慧的追求，并不断加深对智慧德育的认知和整体把握，因而构成智慧德育的必要环节。另一方面，道德情感是道德智慧生成的强大动力，是道德智慧发展的维系系统，它在由道德知识通往道德行为过程中起着"枢纽"和"催化剂"的作用。没有道德情感的参与和肯认，道德知识不可能为人们内心接受，更不可能形成道德智慧。当然，道德情感也要做具体区分，有积极情感和消极情感之分。积极情感又包括肯定性积极情感（如道德自豪感、尊严感、利他行为后的愉悦感）和否定性积极情感（如羞愧感、内疚感）。但无论哪一种积极情感都是以当下或者未来出现满足、愉快、安心、尊严等自我肯定的情绪体验为精神报偿。❶道德情感也包括消极和不健康的组成部分，如自私、贪欲、冷漠、麻木等。在无特殊说明情况下，本书所述特指积极的道德情感。培养学生积极的道德情感，是智慧德育不可忽视的重要环节。培养道德智慧必须激发道德主体的能动性，促使他们产生活跃思想的道德情感甚至是道德激情。

"意"即道德意志，它是智慧德育的重要环节。在人的道德心理过程中，道德意志就是个体在遵循道德要求过程中所表现出来的克服困难和障碍、作出抉择的力量。一个具有道德智慧的人，能够在面对复杂道德情境时，进行恰当的道德判断与道德选择，自觉遵守道德规范、履行道德义务，以道德意志将其道德选择外化为相应的道德行为。在支配道德行为的诸多要素中，道德意志是由道德认知、道德情感到道德行为的中介环节，是道德智慧的重要体现。道德意志以其自觉性、能动性等特性生动地呈现出个体道德意识的自我决断和克己精神，体现了道德意志对于道德行为的作用，这对于培养个体道德自律和发展人的道德智慧是不可或缺的。

"行"即道德行为，它是智慧德育的结果和外在表现。道德行为是个人品德的彰显，是个体在一定的道德意识支配下所采取的有道德意义的行为。智慧德育在道德行为方面，意味着促进受教育者作为道德行为者的自由和

---

❶ 朱小曼. 情感德育论［M］. 北京：人民教育出版社，2006：44.

自主，是受教育者努力探索、不断建构从而达到自主、自觉的目标，而不是循规蹈矩和无条件服从道德规则。也就是说，智慧德育不是使受教育者就范、服从于某种固定的信条，而是把受教育者从压制人的因素中解放出来，从被动、盲目地接受转向主动、自觉地汲取德育，促使受教育者对现有价值体系、行为规范进行独立思考，并在反省、批判、理解的基础上作出自己的选择。

智慧德育应遵循知情意行统筹的整体化原则，一方面，智慧德育要充分把握知情意行各环节在德育中的确切地位；另一方面，要统筹规划地将知情意行各环节结合起来，更好地发挥其推动智慧德育的整体作用。在实施智慧德育过程中，知情意行各环节能够相互影响、相互促进，共同促生德育效果。道德认知是基础，道德情感是关键，道德意志是重要环节，道德行为是结果和外在体现。当前德育多强调道德认知环节和道德行为环节，而对道德情感、道德意志环节有所忽视。智慧德育则突出强调道德情感和道德意志的重要作用。须知，个体的道德智慧，一定是基于深切的道德情感并拥有坚定的道德意志，知情意行各环节均不可缺少。只有将知情意行各环节合理统筹，追求其整体化效果，才能真正促进受教育者道德智慧的生成。

四、预设与动态生成并重的原则

预设与动态生成并重是智慧德育的又一重要原则。传统德育过于强调目的性、计划性和预设性。智慧德育将德育过程看作一个活泼灵动的过程，它不仅重视预设，而且重视动态生成，追求预设与生成的和谐统一。

所谓预设，就是预先设计。智慧德育作为一种有目的、有计划、有组织的教育活动，需要教师作出周密的筹划设计。教师要根据德育目标和学生情况，精心预设德育的实施蓝本，为德育实施做好准备工作。预设是整个德育工作的起点和指南，有助于教育者有条不紊地开展工作。智慧德育在预设方面具有独特性，要求预设具有一定的弹性。教师在德育设计过程中应充分考虑到可能出现的各种情况，从而使整个预设拥有更大的包容度和自由度，给后续的德育生成留有一定的空间。

智慧德育需要预设，更重视生成。德育是一个开放的、变化的、动态的生成过程，其间会有很多意想不到的事情发生。即使预设再充分，由于学情、德育环境及其他诸多因素的影响，也会有预期之外情况的发生。而这些非预期性的生成因素常常拥有较高的德育价值。❶预设与生成是对立统一、相辅相成的关系。预设是生成的基础，生成是预设的升华。两者都服务于学生的发展，服务于德育实效性的发挥。动态生成是对德育过程生动可变性的概括。智慧德育不是机械的知识授受活动，而是以智慧启迪智慧，观照生命成长的过程。只有教师充满智慧地组织教育教学活动，才能使学生充满智慧地学习，实现智慧人格的建构。智慧德育以德育教师的教育实践智慧为基本载体，要求从生命的高度和用动态生成的观点看待德育，重视教师在德育过程中的随机应变和灵活处置，重视课堂的动态生成。在德育工作过程中，随时可能出现意想不到的情况，智慧德育倡导教师敏锐地把握德育时机，灵活地调控、生成新的德育流程和德育效果，它契合了德育的丰富性和复杂性，能够充分发挥师生的主体性，理应成为师生人生中一段重要的生命经历。而这一生成过程往往正是德育智慧的展现过程。教师应把德育场景看作不可重复的激情与智慧的综合生成过程，灵活地调整、生成充满活力的德育流程。智慧德育的动态生成是美丽风景，是在师生、生生互动和对话，学生独立思考等各种活动过程中涌现和产生的。教育智慧体现为达到自由的境界，是一种实践智慧、活动能力的提升。

　　可见，智慧德育预设与动态生成并重的原则一方面意味着教师要对德育课堂进行充分的预设，使生成更具方向、更富实效；另一方面智慧德育需要在生成中展开。教师要根据实际情况灵活选择、整合乃至放弃事先预设，机智地生成新的德育方案。教师要形成弹性化方案，给学生留足自主、自由思维的空间，为德育的动态生成预留弹性时空。德育的智慧特性从某种意义上就体现为教师恰当处理弹性预设与动态生成的关系。

　　总之，智慧德育的最终目标是发展个体的道德智慧。教师应逐渐积累和

---

　　❶　童军尧，裘义水．高中政治课的预设、生成和留白［J］．教学月刊（中学版），2009（6）：47．

发展德育实践智慧，有效地提高德育水平，科学而艺术地把握德育工作中的预设和生成。智慧德育是预设与生成相得益彰的统一体。预设与生成兼容兼顾、互动共生，才能保证智慧德育的优质、高效、精彩。

第三节　实施智慧德育的具体路径

智慧德育的实施，不仅要树立智慧德育基本理念、确立智慧德育的指导原则，还要从多方面寻求其具体实施路径。本书认为，实施智慧德育需要从整合智慧德育资源、优化智慧德育过程、营造智慧德育环境、创新智慧德育管理和完善智慧德育评价等方面开拓具体路径。

一、整合智慧德育资源

智慧德育作为一项复杂的教育实践活动，其有效实施需要以一定的德育资源为前提。智慧德育资源是指在智慧德育实施过程中可以被纳入德育过程并积极影响受教育者思想道德的一切现实和潜在的因素，是那些有助于发展个体道德智慧的德育资源。智慧德育资源包括多种类型，从空间分布来看，可以区分为校内德育资源和校外德育资源，还可以区分为国内德育资源和国外德育资源；从资源类型来看，有内容资源、途径资源、方法资源；从资源产生时代看，可以分为传统德育资源和现代德育资源；从资源构成方面看，可以区分为德育人力资源、德育物质资源、德育文化资源、德育课程资源、德育信息资源、德育环境资源等。智慧德育需要教育者将德育相关资源有目的、有计划地进行合理调配和有效整合，使其相互联系、相互作用、相互影响、相互制约，对受教育者发生影响。智慧德育的实施，需要从多方面实现德育资源的开发利用与合理整合。没有资源合理整合和有效配置，智慧德育资源只是潜在的资源而已，不能自行发挥德育价值功能。智慧德育资源的整合利用情况会极大地影响德育效果。当智慧德育资源配置合理时，资源各要素之间协调一致、相互促进、相互提高、形成合力，会产生较大的德育效益；相反，若资源配置不合理，德育资源各要素之间相互抵触、相互制约，则会降低德育效益。要从以下几方面入手整合利用智慧德育资源。

1. 整合智慧德育人力资源，重视德育教师在智慧德育资源开发利用中的主导作用

德育是一项育人工程，需要多方人员的相互配合和彼此协作。整合智慧德育资源内在地包含着整合智慧德育人力资源问题。德育人力资源包括多方面人员，既包括德育教师，又包括其他德育工作人员（宣传部、团委、学工部等部门工作人员），从一定意义上讲，学校各机构、各部门，学校领导、教师、员工都肩负着德育职责。也就是说，学校所有教职员工都承担着重要的德育使命，是智慧德育的重要人力资源。因此，整合智慧德育人力资源，不仅要合理整合德育教师与其他德育工作人员这两支德育专职队伍，使他们加强沟通、紧密协作、互相配合，不断探索提高德育整体效果的新思路、新途径，而且要加强整合专职德育队伍与非专职德育教职工队伍，使非专职德育教职工自觉地同德育专职人员积极配合，构成一个紧密联系、相互促进的育人网络，在各自岗位发挥智慧德育的影响和作用，使智慧德育贯穿教育教学的全过程和各个方面。新时代党和国家高度重视德育。2020 年 1 月，教育部审议通过了《新时代高等学校思想政治理论课教师队伍建设规定》，将加强高校"思政课教师队伍建设纳入教育事业发展和干部人才队伍建设总体规划，在师资建设上优先考虑，在资金投入上优先保障，在资源配置上优先满足"❶。这为智慧德育的人力资源整合提供了坚强有力的政策支撑。

在整合智慧德育人力资源过程中，要特别重视德育教师的作用。要认识到，在德育资源开发与利用的各类主体之中，德育教师是最为关键的群体，是智慧德育资源开发利用的主导力量。这是因为德育教师是直接、专门以学

---

❶　http://www.moe.gov.cn/srcsite/A02/s5911/moe_621/202002/t20200207_418877.html.

生德育为本职工作的一支重要队伍，他们处于德育的主渠道和主阵地中，可以从发展学生道德智慧这一德育使命出发，通过对德育目标、德育内容、德育途径、德育方法等的独到理解，从多方面主动获取、开发和利用有益的智慧德育资源，并使它们进入德育过程，以德育课堂教学为主渠道，多途径多方面地对学生施加德育影响，在智慧德育资源整合中充分发挥教师的能动作用。例如，德育教师可以主动加强与学生及其家庭成员的沟通，加强学校与社区的联系及对社区德育资源的利用。在德育课程备课过程中，他们可以通过教学参考用书、各类报刊、图书，包括诉诸图书馆、互联网等途径全方位收集各种德育素材资源，丰富德育内容。在德育资源开发与利用过程中，广大德育教师能够充分发挥自己的主观能动性，调动自身智慧，去设计德育资源开发利用方案，并将其加以践行，落实到自身的德育课程中，不断提高自身的德育技能。德育资源的开发利用，为德育教师提供了一个展示自身育人才华和创造力的机会，也彰显了德育教师的教育智慧，暗含着教师对德育的个性化理解即教师的教育理念。实际上，德育资源的开发利用能力是衡量德育教师专业能力状况的重要标尺，德育教师对德育资源的开发利用状况，在一定程度上表征着该教师专业发展的程度和水平。而教师在开发利用德育资源过程中，也能更好地融入自然和社会生活，实现对自然、社会及人与自然、社会关系的感悟，获得智慧的解放、创造性的创生和对德育真谛的领悟，实现德育教师专业自主权的回归。

2. 要重视课程德育资源开发利用

学校教育以课程教学为基本体现，因此，挖掘和整合智慧德育资源要高度重视课程德育资源的开发利用。智慧德育课程资源，一方面包括专门进行德育的相关课程，也就是各级各类学校所开设的思想政治理论课，这是智慧德育的显性课程；另一方面，也包括那些不以德育为基本诉求的其他课程，这些课程或多或少地包含着德育因素，蕴含着人文精神，可以成为智慧德育的隐性课程资源。作为智慧德育显性课程资源的思想政治理论课，是智慧德育资源开发利用的主渠道，要开发形式多样、丰富多彩的思政课教学资源，用以全面提升学生的道德品行、增进其道德智慧。在智慧德育隐性课程中，最重要的是各种人文社会科学课程，这类课程蕴含着丰富的人文精神，是智慧德育的重要资源。此外，医学、农学、天文学、地理学等自然科学课程同样能在某种程度上发挥智慧德育的价值功能，使之成为智慧德育的重要课程资源。如医学中白求恩医生救死扶伤的国际主义精神，农学中袁隆平的刻苦钻研、为国为民，还有很多数学和自然科学家心系祖国、坚持真理的故事就是对学生进行道德教育的极好素材。

尤为值得关注的是，近年来"课程思政"作为课程德育的重要内容被高度强调。《国家中长期教育改革和发展规划纲要（2010—2020年）》强调要"把德育渗透于教育教学的各个环节"。习近平总书记在全国高校思想政治工作会议上也强调，要用好课堂教学这个主渠道，各类课程都要与思想政治理论课同向同行，形成协同效应。实施课程德育，可以促进各类各门课程在知识传授过程中强化思想价值引领；同时，也有利于加强德育课程建设，更好地发挥德育课程的德育主渠道作用。❶"课程思政"的倡导必将掀起课程德育资源开发利用的浪潮，而这正契合了智慧德育对德育资源开发利用的内在要求。

3. 重视校外智慧德育资源的开发利用

学校是进行德育的专门场所，但不是唯一场所。家庭和社会等因素均会对人的道德发展发挥重要影响。"构建家庭、学校与社会联动一体化的德育体系，共同提升社会公德、职业道德、家庭美德和个人品德水平，不仅具有重要的时代意义，而且也具有强烈的社会紧迫感。"❷因此，整合智慧德育资源，要重视家庭、社会等校外智慧德育资源的开发利用。家庭教育是个体道德形成的基础环节，父母是孩子的第一任老师，家庭教育在学生道德形成过程中具有举足轻重的地位，对学生的思想具有特殊的感染力和影响力。家风、家训及家长的职业、爱好、兴趣、文化程度、思想道德素质等都是重要的德育因素。各级各类学校应当高度重视家庭智慧德育资源的开发和利用，通过开办家长学校、定期召开家长会、建立家长交流群或书信沟通、举办亲

❶ 石书臣. 正确处理好"课程思政"与思政课的关系［J］. 思想理论教育，2018（11）：57.
❷ 高文苗. 构建家庭、学校与社会联动的德育体系［J］. 人民论坛，2019（6）：56.

子活动等多种方式加强家校联系，相互配合，共同促进学生的健康成长。与家庭相比，社会是对一个人的思想道德影响最大、最全面的因素。一个人年龄稍长，就开始融入社会的人生历程，社会当中的各种发展进步、重大变革、利益变化、矛盾冲突及各种社会关系的协调等因素都会直接或间接地影响个体思想品德的形成和发展。德育工作者要及时把握社会发展的脉搏，根据德育目标选择优质德育资源开展相关活动，如组织社会实践、开展社会调查、参加社区服务。也可以采取"请进来"的做法，将代表性人士请进学校或课堂现身说法。实践表明，这往往能够起到意想不到的德育效果。除此之外，大众传媒资源也能够为智慧德育提供丰富的学习素材，如全国道德模范评选活动、感动中国十大人物评选活动等。德育工作者可以加强开发利用家庭、社会德育资源，这既是学校德育的重要组成部分，也是实施学校、家庭、社会"三位一体"德育建设工程的有机组成部分。

4. 充分挖掘传媒与网络智慧德育资源

随着大众传媒与互联网的普及和发展，这些新资源给学生带来越来越重要的思想影响。整合智慧德育资源，要力争占领大众传媒、网络、手机新媒体等重要领地，以优秀的德育资源给学生施加润物细无声的道德影响。报纸、广播、电视等大众传媒具有生动、形象、图文并茂的特点，目前仍然在社会中具有较大影响，其中的许多优秀作品是非常难得的德育资源，能够发挥较好的德育功能。

信息网络技术的发展为德育工作提供了现代化手段，拓展了德育的空间和渠道，也为德育提供了诸多重要资源。源于信息网络的便捷性，当今时代已经成为有些人形容的"信息大爆炸"时代，每时每刻都有各种各样的信息伴着网络扑面而来，其中的优质资源应当及时被纳入德育资源整合。基于网络的广泛运用，智慧德育的开展要主动占领网上阵地，建立德育网站，开辟德育专栏，搭建德育平台，唱响网上主旋律，充分利用网络开展学生德育工作，在潜移默化中培养学生的良好道德品质。随着移动智能终端技术的发展和应用，移动智能手机新媒体在人们的生活和学习中得到广泛的应用。手机新媒体在学生中的应用比较普遍，为此，应适当地将手机新媒体和德育有效结合，挖掘或主动建构基于手机新媒体的优质德育资源（如微信公众号或手机 App）。❶实际上，在当今媒体融合的背景下，手机新媒体已经成为人们获取资源最为便捷的途径，因此应当给予特别的关注。这里着重提及一下"学习强国"平台。"学习强国"是由中共中央宣传部强力推出的一个手机新媒体学习平台，其资源整合力度前所未有，不仅受到广大党员和党务工作者的欢迎，更为智慧德育资源整合提供了一个绝佳的集成资源库。学习平台上优秀德育资源的丰富程度前所未有：时事要闻、新思想、教育、体育、人物、党史、法纪、纪实、国际、时评……各类资源颇具权威性和正能量。德育教师应当利用好这一优质平台，围绕特定德育主题进一步进行资源整合利用。当然，还有许多其他媒体资源可以纳入德育资源的重要考量，如广受年轻人喜爱的哔哩哔哩、抖音、快手等，都能够收集到令人耳目一新而又颇具教育价值的德育素材。

总之，智慧德育的开展需要以多方面资源为依托，应广泛发掘和合理整合各方面德育资源，更好地服务于智慧德育。

二、优化智慧德育过程

智慧德育过程是指德育工作者根据学生思想品德形成发展的规律，对学生施加有目的、有计划、有组织的道德影响，促使学生产生内在的思想矛盾运动，以形成一定社会所期望的思想品质和道德智慧的过程。随着时代的发展，社会对人才综合素质的要求不断提高，德育正面临着新的挑战。实施智慧德育，提升社会成员道德智慧，日益成为时代发展的新要求。结合当前我国德育现状和智慧德育的要求，优化智慧德育过程应注意以下几个方面。

1. 优化智慧德育过程，最重要的是使德育过程凸显实践智慧的活泼灵动，善于把握德育时机，发展受教育者的道德智慧

智慧德育意味着德育不是琐屑的行为训练和消极防范，不应沦为程序

---

❶ 刘晓颖. 手机新媒体对中职学生德育的影响研究［J］. 教育现代化, 2019（23）: 119.

化、模式化和机械化的教育灌输。智慧德育过程理应是活泼灵动和异彩纷呈的，其中，有学生对生命的感叹、对德性的赞赏、对创造的追逐和对自然的敬畏，而这一切则是以德育教师的创造性教育实践为依托的。智慧德育需要教师以德育实践智慧去有效地触动学生的情感，引起其道德上的共鸣，从而提升其道德智慧。在实施德育过程中，教师对德育时机的把握是一个关键性因素。智慧德育需要以一定的教育预设为前提，但更加重视在预设基础上的动态教育生成，这一生成来自师生互动过程中教师对德育时机的敏锐捕捉和有效把握。智慧德育要求重视德育时机，不仅要注意观察和把握德育时机，而且要学会积极地创设有利的德育时机。例如，学生在遇到困惑时心理上会产生迫切要求，如倾诉痛苦、探讨心结、畅想未来等，这种心理要求比较迫切的时候，良好的德育时机便已悄然来临。德育时机的把握要求德育工作者具有德育机智，具备敏锐的洞察力、丰富的德育经验、过硬的专业素质和较强的心理承受能力，能够及时了解学生的心态和变化，捕捉学生的兴奋点、兴趣点、情感点、逆反点，迅速而果断地施加德育影响。正所谓"机不可失，时不再来"，把握好德育时机能够在智慧德育过程中起到事半功倍的效果。敏锐把握德育时机，具有高度德育机智，即意味着德育工作者高超的德育实践智慧。

2. 优化智慧德育过程，最基本的是从个体思想品德形成过程入手，以知、情、意、行各个环节的优化为提升受教育者道德智慧奠定重要基础

智慧德育过程是培养受教育者的思想品德、发展受教育者道德智慧的过程。而个体思想品德的形成过程，是在教育影响下道德认知、道德情感、道德意志、道德行为（知、情、意、行四要素）的培养过程。知、情、意、行也可被看作个体思想品德形成的四个基本环节。"知"是基础，"情"是动力，"意"为外化，"行"为实现。智慧德育过程不仅有"知"的发展过程，还有"情"的升华过程、"意"的深化过程和"行"的践履过程。知、情、意、行这四个要素是彼此联系、相互制约的。虽然德育过程从"知"（培养认知）开始，经历培养"情"和"意"两方面重要品质，以达成"行"（行为习惯）为终点，但事实上这几种因素各具相对独立性和相互渗透性。"德育工作者

可根据德育内容、学生年龄特点和思想品德实际等具体情况，灵活地选择入口，选择知、情、意、行等诸要素的任何一方面为教育开端，利用一切可以利用的德育因素进行必要、合理的教育，以达到最佳效果。"❶ 德育过程中，在"知"以外，"情""意"是思想道德品质内化的黏合剂，是教育者与受教育者在思想道德品质上沟通、接纳的必要条件。德育过程中的"行"，是社会性的实践。要重视在行为活动中培养和考察受教育者的品德，强调道德行为的践履，使认识、体验、践行结合。智慧德育要着力做到对受教育者晓之以理、动之以情、导之以行并使之持之以恒。

3. 优化智慧德育过程，必须坚持理性与诗性相结合，在审美化表达中充分彰显德育的智慧品性

智慧德育过程需要理性话语，但不止于理性，它需要充分展现德育的审美化特征，具有诗意的姿态、诗性的启发。"所谓德育审美化，是指德育主体通过艺术化的手法与手段，对德育客体、德育导体、德育过程进行艺术化的改造，把德育内容美、德育活动美、德育形式美的欣赏和创造和谐统一起来，引领学生浸润在诗意的道德情境与氛围之中，深刻体验道德情境所包含的道德意蕴，从而在德育过程中进一步确证学生的主体地位以及精神力量，升华学生的道德境界，促进学生的思想道德品质和谐健康成长。"❷ 德育作为一种体现人的理想的活动，本身具有一种令人激动的超越性质，可以引导人以"诗意""美"的眼光和态度来对待生活、对待人生。如果德育委身于现实，专注于教导受教育者顺从地接受自身所面临或遭遇的所有境况，则它会逐渐失去其原本具有的拓展人的心灵空间、培育具有开拓创新精神的时代新人的功能。优化智慧德育过程，必须坚持理性与诗性的结合，充分彰显德育的智慧品性。所谓理性，是指人所具有的概念、判断、推理等思维活动和能力。所谓诗性，强调诗一样的奔放性格和唯美意境，正如王国维所谓"诗的境界在刹那中见终古，在微尘中显大千，在有限中寓无限"❸。我们所要培育

❶　吴捷. 试论德育过程的特点及其优化［J］. 徐州教育学院学报，2003（3）：10.
❷　冯铁山. 诗意德育论［M］. 北京：中国社会科学出版社，2012：182.
❸　王国维. 人间词话［M］. 长春：吉林文史出版社，2004：2.

的新时代建设者，一定是现实的全面发展的人，理性和诗性两个方面缺一不可。"理性"可以为个体提供科学思维和理智沉稳的修养，而"诗性"作为理性的补充，可以为个体生命添加一抹灵动、一抹诗意，使生命处于持久的流动状态。智慧德育承担着塑造个体道德人格、唤醒个体道德意识、培养其道德品德并提升其道德智慧的工作，这一工作神圣而光荣。智慧德育过程需要理性的解读，也需要诗性的浸染。融理性于智慧德育过程，有利于发展受教育者的道德逻辑思维与判断能力；融诗性于智慧德育过程，有利于培养出闪烁着人性和智慧的光芒、具有自主人格和创新思维能力的学生。这体现了一种特定的德育哲学观，它反对片面灌输、固守教条、以考试成绩论英雄的非人性化德育形态，尊重人性，通过精心营造诗意情境，以意韵深远的德育设计及直指心灵的育人智慧提升智慧德育的实效性、吸引力和感染力。融诗性于智慧德育，能够使受教育者葆有对于世事人生真善美的感悟和诗意的畅想，以审美的眼光对待生活。在智慧德育过程中，只有将理性与诗性有机结合，我们才能真正实现与德育的真诚沟通，在德育的广阔天地间放飞自我、自由翱翔。

总之，德育不能片面注重理性教育，它应当以理性与诗性的协同并进，促进受教育者求真与尚美的完美结合，引导受教育者以诗意的姿态、审美的眼光看待生活、对待人生。只有这样，才能培养出具有道德智慧的道德主体，从而彰显智慧德育的实效性。

4.优化智慧德育过程，必须重视发挥学生的主体性作用，凸显人的价值、尊严，促进个体的智慧生存

智慧德育重视人的价值、尊严，重视个人追求人生价值、自我实现、自我解放的内在需要。在智慧德育过程中，受教育者主体性的充分发挥是智慧德育功能得以实现的保障。智慧德育所要培育的具有道德智慧的学生个体，是具有主体能动性的有思想、有情感、有独立意志的个体。这种主体能动性集中体现为学生在一定的对象性活动中的自主认知、自主选择、自主思维、自主构建及自主完善等方面。主体能动性本身也是人之为人所具有的价值与尊严的突出表现。在现代社会，社会生活日益复杂，学生的自我意识空前提

高，这使得培养具有主体性的受教育者成为时代发展的要求。倘若受教育者的主体性得不到尊重，其道德选择和实践能力就将大大削弱。因此，智慧德育必须冲破旧的传统的道德服从意识，重视受教育者的能动性、自主性、创造性，培养具有主体意识和道德智慧、能进行自我教育和独立进行道德活动的自觉的道德主体。受教育者的主体性，表征着受教育者的个人道德选择和实践能力，意味着受教育者在复杂道德实践面前具有世事洞明基础上的泰然自处，而不会一味地循规蹈矩、随波逐流或是患得患失。

智慧德育可以从以下四个方面着手培育学生的道德主体性：一是增强道德主体意识。道德主体意识是个体积极、自觉地在道德实践中发挥主体性的内在条件。智慧德育需要引导学生认识自身的道德主体地位和肩负的历史使命与社会责任，认识自身的权利和义务，明确自身的道德需要，并在捍卫自身道德主体性的同时，尊重他人的道德主体性。二是开发道德主体能力。道德主体能力是人们在社会生活中认识世界和改造世界的内在德性力量，它是人成为道德主体的基本根据，会极大地影响主体道德实践的效果。智慧德育需要积极开发学生的道德主体能力，使学生具有更新道德知识、捕获道德信息和求解道德难题等相关能力，能够在错综复杂的道德环境中分清良莠、择善而从。培养学生的道德主体能力是优化智慧德育过程的必然要求。三是培养道德主体精神。道德主体精神是个体主动认识与完善自身德性的心理倾向，它是个体积极发挥自身道德主体能力的内部动力。智慧德育可以全方位培育学生的道德主体精神，诸如自尊、自信、自立、自强的自主精神，"不获全胜、决不收兵"的进取精神，革故鼎新、不断开拓的创新精神，齐心协力、同心同德的协作精神，等等。四是塑造道德主体人格。道德主体人格是个体思想品德、心理素质和道德行为特征的综合，对个体道德主体性的发挥具有十分重要的导向和激励作用。智慧德育要塑造学生的主体人格，就是要引导学生确立正确的世界观、人生观和价值观，树立崇高的道德和人生理想，养成优秀的道德品质，形成积极的道德情感和坚强的道德意志，使其成为道德全面发展的智慧主体。

为此，在智慧德育过程中，要讲求平等对话、说服疏导、自我评价等尊重主体作用的做法，切忌采用居高临下、强制、强迫等方法；要充分尊重学生的道德主体性，认识到学生具有与德育工作者平等的独立人格；要允许和鼓励学生对德育内容进行独立自主的思考，自由表达自己的意见；要在平等民主的基础上开展师生间的对话，以理服人；要引导学生通过经常性自我道德反思和自我行为监控来积极构建自己的价值体系、品德结构，激发人的潜能，促使学生实现对自身原有状态的超越，培养学生形成完整而稳定的道德人格特质。

三、营造智慧德育环境

环境是一种氛围，氛围的作用就如同"场"的效应一样，可以产生广泛而深刻的影响。德育环境是指影响个体思想品德发展及德育活动开展的外部条件。它是自然环境与社会环境、物质环境与精神环境、静态环境与动态环境的有机统一。德育环境不是与学生需要相脱离的外部环境，而是体现学生成长需要，由学生参与其中的内部环境，学生的品德建构是在与环境的相互作用过程中实现的。因此，德育环境是学生个体品德建构的重要因素和必要前提。营造智慧德育环境，就是要对各种影响道德智慧形成和发展的因素进行综合优化以利于智慧德育目标的实现。具体来说，要从以下几方面入手，营造智慧德育环境。

1.营造智慧德育环境，最基础的是优化学校德育内部环境，重视学校德育环境的人性化向度

学校是德育的主阵地。营造智慧德育环境应当从学生发展出发，以优化学校德育内部环境为基础，给学生创造一个有助于道德智慧生成的自由、愉悦和充满生机与活力的德育环境。学校要把德育放在首位，加强日常管理，建立一套党委、行政、学生工作部、团委、辅导员一体的体系结构，做到真抓实管，注重落实，相互配合。学校还要以各种文化活动为智慧德育创造有利条件，如通过多种多样的学习沙龙、书画笔会、演讲、辩论、诗歌朗诵赛、话剧表演、知识竞赛等不断提高学生的合作意识和人际关系交往能力，着力培养和塑造具有健全人格的学生。

德育应当致力于引导个体实现自我完善、人性完满。人性是一个高度复杂的多面体，是自然属性、社会属性和精神属性等多重属性的总和。人性是德育的人本起点，是德育回归人的逻辑前提。智慧德育环境的人性化向度要求学校德育环境建设要体现人性关怀，力图使校园环境产生推动个体德性成长的影响力。一方面，要重视物质环境的人性化营造。通过校园整体规划、人文景观、宣传橱窗、动态显示屏等人性化设计凸显对人的尊重和关切。正如苏霍姆林斯基所说："校园里应该充满鲜明的、有道德的气氛，而这种气氛使人相信，高尚的道德情操会成为主流。"另一方面，要重视营造人性化的制度环境。其核心是学校对师生员工地位和价值的肯定，应体现国际21世纪教育委员会的报告中所提出的"人既是发展的第一主角，又是发展的终极目标"的教育理念，在尊重人性的合理制度环境的基础上引领人向善，通过提升受教育者的精神素养、心理素养和创造能力实现个体的全面发展。人性化制度环境是尊重受教育者意愿与选择的软性管理。"软性管理的导向作用可使人在德性道路的追寻中体验、感受德性之美，认识它对融洽人与人之间关系的作用，进而在主动选择中追求德性的完善。"❶

2. 营造智慧德育环境，最直接的是营建良好的课堂教学环境，特别是师生和谐互动的人际环境

课堂教学是智慧德育的主渠道。营造智慧德育环境，要重视营造良好的课堂教学环境。课堂教学环境，既包括教室陈设等物质环境，也包括师生、生生人际心理环境。课堂物质环境在本质上是物化的文化形态，能够发挥导向、凝聚、激励、协调、美育等功能，对学生形成良好品德具有一定影响力。要精心营造优美洁净的课堂环境，整体渲染和突出课堂环境设计的育人功能。另外，师生、生生之间基于人际互动产生的心理环境也是智慧德育课堂的重要环境因素，其中，师生和谐互动的人际环境能够对智慧德育产生关键性影响。如果说教育结果在很大程度上受制于师生关系的

---

❶ 李辉，王奥. 现代高校德育环境生活化的基本向度［J］. 学校党建与思想教育，2009（22）：8.

话，那么德育对师生关系有着更重要的依赖性。师生关系和谐所造就的人际环境能够成为智慧德育情境创设的重要元素，极大地增进教师在知识传授、信念确立、价值观形成及道德智慧发展过程中的影响力。在饱含师爱的教师导引下，在和谐的人际环境中，学生更容易增进人际信任、彼此关爱和一系列积极的道德情感，道德智慧更容易受到激发、得到良性发展。智慧德育营造良好的人际环境，意味着教师要摆脱高高在上的孤傲形象，以平等的姿态去关怀学生的生命存在、人性尊严与人生意义。在德育互动中，教师要充分考虑社会要求和学生自身需要的结合，在回应社会道德要求的同时，更好地实现德育对个体需要的回应，发展个体道德智慧，实现学生的智慧生存。师生作为平等地位的主体之间的双向互动关系及和谐互动氛围，事关个体存在的意义与价值，事关德育的成效，是智慧德育环境建设的重要课题。

3. 营造智慧德育环境，还要重视塑造学校与社会、家庭相互协同运作的整体合力环境

德育环境是一个错综复杂、相互交织的多维动态系统，包括家庭、学校、社会等空间要素。传统的德育环境建设，主要着眼于学校内部环境的优化，目标是创设纯而又纯的育人环境。但实际上，学校向来不是封闭的象牙塔，而是一个开放的、复杂的要素系统。学生在接受学校德育的同时，还与家庭、社会、同辈群体等保持着密切联系，时时受到来自校园之外的各种因素影响，这些影响不可避免地对学生的思想和行为发生作用。智慧德育不仅要重视学校德育环境建设，而且要将推动营造良好的家庭、社会环境作为重要的环境建设任务。

家庭是社会的细胞，也是一个人接受德育的最初场所。家长的道德观念在很大程度上影响着子女的精神成长。正如有学者所说，家庭德育为人一生的发展奠基。其中，威权型、控制型、反面型、暴力型、缺失型家庭德育形态是掣肘家庭德育功能发挥的典型困境。❶优化德育环境，必须优化学生成

---

❶ 欧阳鹏，胡弼成. 家庭德育：为人一生的发展奠基［J］. 大学教育科学，2018（4）：10.

长的家庭环境。应当引导家长重视家庭道德教育，探索家庭道德教育的科学规律，努力营造和谐、平等、严教相结合的良好家庭氛围，以此促进孩子道德品质和创新意识的培养，使其形成独立自主、勇于挑战、善于选择的个性心理品质和尊重、诚信、善待他人等良好道德品行。应加强对家庭教育的指导，使家长在家庭教育中重视子女德性养成，树立智慧德育新理念，以提升孩子的道德智慧和生存智慧为重要取向，提高家庭德育的针对性和实效性。社会是德育的大环境。随着改革开放的不断深入，学校面对的是一个更加复杂、多变、新奇的世界，社会大环境对个体道德的影响也日益加剧。社会各界应关心和支持学校德育各项工作，帮助营造良好的社会氛围，给学校德育增添推动力和正能量，为学校智慧德育提供一个良性大环境。总之，应适应新时代人才培养需要，根据新形势下智慧德育的要求，创设由学校、家庭、社会各界及政府相关部门共同参与的德育环境系统，加强学校与社会、家庭相互协同运作的和谐互动机制，在校外环境与校内环境的协调发展中使得环境影响与学校德育达到同向强化的效果，充分释放出环境的叠加效应，发挥德育合力作用。

4. 营造智慧德育环境，要加强网络管理和运用，营造一个良好的网络智慧德育环境

随着信息网络时代的来临，网络已经成为人们生活中须臾不可分离的重要部分，成为人们思想道德的重要影响因素。在网络条件下，各种信息从平面化走向立体化，从静态变为动态，从现实时空趋向超时空；网络所具有的便捷高效和信息多样化的特征，使得人们在道德信息方面具有更大的选择性，对学生具有极大的吸引力和影响力。因此，营造智慧德育环境，要加强网络管理和运用，营造一个良好的网络智慧德育环境。其中，不断完善校园德育网络环境是学校德育的重要环节。首先，要确立网络智慧德育环境建设观念，实现从单一现实德育向现实德育与网络德育相结合的整体育人方向转化。其次，校园网是实施网络德育的重要阵地，尤其是以互动为特点的校园

虚拟社区，更是承担着主要的职能。❶应定期围绕一些重大的政治问题，旗帜鲜明地开展讨论、发表评论，启迪学生的道德智慧，把学生引导到品行兼优的道路上来。再次，要提高网络服务功能，在网上提供与学生切身利益相关的信息，如高校可以提供招生、就业心理咨询信息，满足学生的要求，提高他们上校园网的兴趣，为网络智慧德育功能发挥奠定心理基础。最后，要建立一支精干高效的专业化网络德育工作队伍，保证网络德育工作的针对性、有效性。网络德育环境建设要求德育工作者具备良好的信息素质、较强的信息管理能力和信息道德。为此，要对德育工作者进行系统的网络培训教育，培养其高度的工作责任心，让他们充分利用互联网收集信息，摸准学生的思想脉搏，加强网上舆论教育引导，满足学生的发展愿望和多样性网络德育环境需求，服务学生的全面发展。

四、创新智慧德育管理

德育管理是根据德育的性质和任务，在一定的环境条件下，通过预测、决策、计划、组织、指挥、协调、控制、评价，有效地组织、调动、改善、分配和利用校内外各种德育资源和相关要素，形成德育合力和整体优势，以增强德育实效性，实现德育目标的过程。❷智慧德育管理是指教育者以提升学生教学智慧为旨归，有计划地组织、协调和调动各种德育要素，以提高德育效绩、促进学生的健康发展。创新智慧德育管理，要注意以下几方面问题。

1.创新智慧德育管理，必须牢牢把握智慧德育目标，加强智慧德育目标管理

目标是人们努力达到的理想状态。目标管理是管理学中的基本概念。创新智慧德育管理，首先要加强智慧德育目标管理。长久以来，我国学校德育

---

❶ 邓国峰. 网络德育在校园网虚拟社区上的操作化应用范例研究［J］. 学术论坛，2009（8）：174.

❷ 赵志军. 德育管理论［M］. 北京：中国社会科学出版社，2008：14.

目标的确定偏重于国家意志和社会发展，在一定程度上忽视了受教育者的主体需求，难以充分发挥其引领品德发展、提升人格素质的功能，有时甚至会产生消极影响和逆反心理。智慧德育以发展学生的道德智慧为目标，智慧德育管理的重要任务就是根据这一德育目标来制定适宜的德育管理目标，使得德育管理更好地服务于智慧德育的发展。智慧德育管理目标能够更好地体现党和国家对新时代德育管理的新要求，尊重学生的主体需要，符合学生身心发展规律的要求，有利于学生独立自由思维、创新意识、批判精神等重要素质的充分发展，符合我国社会发展的现实要求，体现了国家、社会与个人三者要求的有机统一。

智慧德育目标管理在实施过程中，要注意如下几方面内容：一是智慧德育工作目标的确定。智慧德育工作目标的确定，需要学校各部门、各方面围绕智慧德育的达成，形成一个层次清晰、协调一致的目标系统。在智慧德育目标管理过程中所谓的"目标确立"包括两方面内容，一个是确立受教育者的思想品德提升目标，另一个是确立智慧德育的要素改善目标。后者即加强智慧德育要素建设，有效整合校内外各种智慧德育资源和相关要素的目标。确定智慧德育工作目标是智慧德育目标管理的重要前提。二是智慧德育工作目标的展开。这要求将上述智慧德育工作目标进行目标分解，并提出目标对策、开展目标协调和明确目标责任，以确保工作目标便于后续落实。三是智慧德育工作目标的落实。智慧德育工作目标落实这一环节在德育目标管理中地位十分重要，直接关系到智慧德育最终目标能否稳步实现。在这一环节，学校德育工作者要按照具体目标要求，各负其责、相互配合，为实现智慧德育总体目标而努力工作。四是智慧德育目标的成果评价。在上述德育目标落实的基础上，应当及时对落实状况和取得的实际效果作出客观公正的评价，以总结经验、克服缺点，更好地改进工作。

2. 创新智慧德育管理，必须突出智慧德育的计划性，加强智慧德育计划管理

计划就是管理过程中的起始环节，是对未来一定时期内工作的安排和打算，具体来说就是提出目标、明确任务、合理安排。智慧德育工作是一项复

杂的育人工程，需要以计划管理增强德育工作的自觉性和预见性，使各项工作有条不紊地进行。智慧德育计划管理是智慧德育管理的首要内容，是其他管理活动的重要基础和依据。智慧德育计划管理的任务，就是确定智慧德育目标，通过计划的编制、执行和检查，协调和合理安排学校德育教学、日常德育工作及其他德育实践活动等，有效地利用各种德育资源，取得最佳德育效果。

智慧德育计划管理的具体任务，简单来说就是要逐一地明确"做什么"（目标任务）、"为何做"（原因）、"何时做"（时间）、"何地做"（地点）、"何人做"（主体）、"如何做"（方式方法）等方面问题。这些问题都逐一解答清楚了，计划管理也就几乎全面到位了。从实施过程来看，智慧德育计划管理包括确定智慧德育工作目标、确定可供选择的方案、比较各种方案、制定辅助计划等环节。实施智慧德育计划管理，可以为德育管理者进行智慧德育分工提供方案，为智慧德育资源配置提供依据，为德育管理者检查与控制智慧德育过程提供标准，是把握智慧德育方向、合理配置德育资源、提高德育效率的一个关键环节。

3.创新智慧德育管理，必须突出德育管理的人文协调性，加强智慧德育组织管理

管理过程是使管理对象相互适应以在整体上处于最佳功能状态的过程。任何管理都具有协调性，然而，德育管理的协调性有自己的特点，即强调人文协调性。"其协调对象主要是人及其组织，协调的手段主要靠党和国家的政策、决议，靠教育、激励、约束、评价等思想、理论、规律、情感等人文力量，协调的效果主要表现为增强德育工作者的积极性以及德育的有序性和有效性，并最终表现为学生思想道德素质的提高，而不是非人文的物质产品。"❶ 在德育管理过程中，人是最活跃的因素。德育管理的根本任务是充分发挥人的能动性，最大限度地提高德育的整体功效。人的积极性发挥得如何，极大地影响着德育管理效果。因此，智慧德育管理应坚持以人为本理念

---

❶ 赵志军. 德育管理论［M］. 北京：中国社会科学出版社，2008：26.

和人性化架构，要认识到德育工作者的人性境界直接影响着整个学校师生员工人性的发展趋向。只有德育工作者率先在人性方面追求完善，才有可能带动受教育者在人性方面向着完美的方向进发，才能培养出更多人格健全、具有文化素养的生命个体。要真正把智慧德育与人的幸福、自由、尊严、终极价值联系起来，使德育真正成为人的德育。

4. 创新智慧德育管理，必须重视师德师风建设，加强智慧德育队伍管理

一直以来，学校德育的工作对象多以学生为主，人们思考的兴奋点和关注点主要在学生身上，自觉不自觉地在一定程度上忽视了德育队伍管理。事实上，德育队伍是做好德育的人才保证。德育工作者的自身素质直接决定着德育的实施效果。因此，创新智慧德育关系，必须着重加强德育队伍建设和管理，打造一支"可信、可敬、可靠，乐为、敢为、有为"的高素质德育队伍。具体来说，德育队伍管理承担着选拔、培养、激励、指导、促进和鼓励德育工作者等多种职能。智慧德育管理的主要任务之一就是加强智慧德育队伍管理，为实现德育工作目标提供人才保证。

智慧德育队伍管理应从以下方面着手：一是提高队伍思想意识。要切实把建设一支高素质德育队伍作为一项关涉德育发展全局的战略工程来抓。严把"入口"、加强培训、完善表彰、细化评估，通过多措并举，推动德育队伍形成积极向上的发展动力。通过建设"师德工程""名师工程"等培育一批高素质的智慧型德育教师。二是加强职业道德建设。积极开展多种形式的职业道德教育，并建立健全对教师职业道德建设的保障机制，使这支德育队伍爱岗敬业，具有较高的师德修养，注重为人师表，关爱学生，能够以高尚的情操教书育人。三是强化教育和业务培训。习近平总书记2016年在全国高校思想政治工作会议上曾经强调，"要坚持教育者先受教育"❶。应加强德育教师的教育培训和业务培训，不断提高其理论水平和业务水平，使其成为一支业务精湛、具有较高的师德修养和道德智慧、拥有高度的责

---

❶ 习近平在全国高校思想政治工作会议上强调：把思想政治工作贯穿教育教学全过程　开创我国高等教育事业发展新局面［N］. 人民日报，2016-12-09（1）.

任感和奉献精神的育人队伍。四是深入开展实践锻炼。可通过校际交流、岗位轮换、校外挂职锻炼等多种途径推动德育工作者深入开展实践锻炼，开阔其眼界，增加其工作阅历。各相关教育行政部门和学校要创造条件，拨出专项经费支持并组织德育工作者开展实践研修，为提升德育工作者的德育智慧奠定基础。

在智慧德育队伍管理中，加强德育教师队伍的师德师风建设是其中的重中之重。因为相对于其他德育工作者，德育教师的工作受众更广、影响更为直接，在其"育人过程中表现出来的思想信念、道德品质、敬业精神以及工作作风，会直接感染和熏陶学生，学生总会不知不觉中把教师看作模仿、学习的榜样，教师的一言一行、一举一动，会直接或间接地影响到学生心灵的成长和发育"❶。正是源于师德师风对学生的重要影响，2019年12月，教育部等七部门印发《关于加强和改进新时代师德师风建设的意见》❷，这为新时代加强德育队伍管理提供了重要政策保障。可以说，智慧德育效果与德育教师队伍素质状况息息相关。德育教师应当是正确世界观、人生观、价值观的积极传播者，更是高尚思想品德的身体力行者；既要以言传道，还要以身示范。如果德育教师自身的形象与感召力不足，就难以对学生的心灵形成触动，其德育工作的实际效果必然会大打折扣。因此，加强智慧德育队伍管理，务必建设一支拥有道德智慧和德育实践智慧的德育教师队伍。

5. 创新智慧德育管理，必须高度重视对智慧德育实施过程的认识、监测和控制，加强智慧德育过程管理

智慧德育需要德育工作者付出艰苦的努力，加强过程管理是确保其有效实施的重要举措。智慧德育过程管理的重要使命就是加强对德育过程的认识、监测和控制，这对于把握德育方向、优选德育内容、优化德育方法途径、强化德育过程控制、实现德育目标均具有不可替代的作用。"如果说德育目标管理观照的是德育过程的起点和终点的话，那么德育过程管理就

---

❶ 赵培举. 加强师德师风建设 培养高素质教师队伍［J］. 中国高等教育，2013（Z2）：66.
❷ http://www.moe.gov.cn/srcsite/A10/s7002/201912/t20191213_411946. html.

是一座连接起点和终点的管理之桥，它始终控制着德育活动向着德育目标努力。"❶

一般来说，智慧德育过程管理包括制定标准、信息搜集、检查对照、矫正纠偏四个基本环节。这四个环节相互联系、相互依存，缺一不可。"制定标准"是过程管理的第一步。这一"标准"要来自现实而又高于现实，代表着德育可以达到的应然状态。德育过程管理的第二步就是"信息搜集"，即搜集德育实际过程的相关信息。为使过程管理更具实效性，信息搜集务求真实、客观、全面。第三步为"检查对照"，也就是将第二步搜集到的德育实际过程信息与第一步制定的管理标准相对照，以上述标准为参照物，测量德育实际过程与标准的符合程度。基于标准的现实超越性和实际德育过程的复杂性，存在一定的偏差是德育过程管理中的正常状况。第四步是"矫正纠偏"环节，这也是德育过程管理最后一步。也就是向德育工作者及时反馈德育实际偏差信息，并督促其在后续工作中矫正偏差、改进工作。

在德育实践中，加强智慧德育过程管理有助于及时地获取德育实际偏差信息，防止德育实际偏差的累积，进而采取有效的矫正措施，有力地把握德育工作的发展方向。智慧德育过程管理的最高境界是"防患于未然"，也就是说，最佳的德育过程管理是能够在偏离标准的情况出现以前就作出趋势性预测，预防德育实际偏差的出现，进而及时采取措施来加以预防。这要求德育管理者具有足够的预见性和观察力。另外，智慧德育过程管理还能够及时把握学校德育的内外环境变化，帮助德育决策者预测和把握这些变化，对此作出及时、正确和有力的反应，促使德育适应环境的变化。

应当注意的是，智慧德育过程受到多种复杂因素的影响，德育工作者在实际工作中根据具体情境调整德育策略是常态，因此，德育过程管理工作需要坚持全程管理，并具有随时调整管理策略的灵活性和及时性。此外，智慧德育过程管理还要注意坚持适度原则。德育过程管理并非越严格和越精密越好，管理力度也不是越大越好。在智慧德育管理过程中，应当注意把握好管理的"分寸"和"火候"，尽量做到管理方式、力度等恰到好处。

❶　赵志军. 德育管理论［M］. 北京：中国社会科学出版社，2008：122.

五、完善智慧德育评价

德育评价是德育工作的重要组成部分，它具有导向、强化、信息诊断和反馈等重要功能。德育评价根据评价对象的不同，可以分为对受教育者（学生）的评价、对德育工作者的评价和对德育工作部门的评价。其中，对受教育者的评价是整个评价体系的中心环节。智慧德育评价是智慧德育的重要环节。智慧德育在评价环节方面，要求实现评价理念人性化、评价过程动态化、评价内容多元化❶，并重视不同评价方式的结合并用。这里主要以对受教育者的评价为例对智慧德育评价问题进行探讨。

1. 实现评价理念人性化

一种德育评价是否科学有效，关键之处就在于它是否符合先进的德育理念。智慧德育要实现评价理念人性化。智慧德育以发展个体的道德智慧为追求，而一个人道德智慧的养成是一个不断追求、不断完善、永无止境的过程，需要个体在道德认知、道德情感、道德意志及道德行为等诸多方面作出持续努力和不懈追求。智慧德育将个体道德智慧的发展看作一个连续不断的过程。一方面，智慧德育尊重个体的差异性，将每名学生都看作独一无二的个体，认为每个个体在通往道德智慧之路的进程中会有先有后、有快有慢，并呈现出各方面特质的差别。智慧德育主张评价要符合和尊重人的发展规律，要以平常的心态去倾听学生的声音和评价学生，在对学生的道德评价过程中，不能以固化的尺度去度量个体的道德水平，要通过评价前、评价中、评价后的全过程跟踪管理促进学生的自觉改进。这是人性化评价理念的基本要求。另一方面，智慧德育在尊重个体差异性的同时，更突出学生的主体性。智慧德育要通过发展个体的道德智慧实现受教育者的自我发展，使其成为真正的道德主体，成为与他人、社会、自然和谐相处的人，而不是达成社会目的的工具。突出人的主体性，是实现智慧德育评价育人育才的内在要

---

❶ 李大健. 人性化 动态化 多元化——高校德育评价体系改革研究［J］. 中国大学教学，2007（11）：71.

求，也是人性化评价理念的根本要求。智慧德育评价过程中要关注学生作为道德主体的感受、体验及潜能发掘，致力于促进学生知、情、意、行的全面发展，让学生从评价中获得激励、自信和前进的动力。

2. 实现评价过程动态化

动态是与静态相区别的一种状态。长期以来，学校德育片面强调以考试为主要形式对学生道德素质进行终结性评定，以终结性评定的结论来区分学生道德素质的高低。这种评价方式实际上是一种静态评价取向，其主要目的似乎在于判断、鉴定、甄别、选拔。实际上，评价更重要的是了解学生品德形成发展过程情况，把握学生的道德发展需求，纠正学生道德发展的偏颇，从而更好地帮助学生达到相应的道德发展水平和发展道德智慧。智慧德育主张实现评价过程动态化，教师应以发展的眼光看待学生的道德行为表现，对学生的评价不能只看一时的表现，更应重视过程；要全面把握学生过去和现在的道德状况，注重从过去与现在的前后联系中寻找学生思想和行为背后的逻辑，并分析其未来的发展趋势，在纵横比较中全面、客观地作出评价。应牢记，评价不是目的，而只是手段。正如美国著名的课程专家斯塔弗尔比姆所言，"评价最主要的意图不是为了证明，而是为了改进"❶。智慧德育实施动态化评价，要求将评价活动贯穿于实施德育的整个过程之中，而不仅仅是在德育结束后进行的终结性评价。实践证明，学生思想品德的提高是一个渐进的动态过程。只有采用动态性评价，关注学生的思想品德发展历程，及时发现问题和解决问题，才能帮助学生实现品德提升，更好地实现智慧德育的评价目的。这里应当说明，智慧德育并非完全不需要静态性评价。从某种意义上说，动态评价中特定时点的评价"断面"在很大程度上就是静态评价。智慧德育主张在静态性评价与动态性评价相结合的基础上，以动态性评价为主，全面实现对学生道德智慧发展的客观评价。

---

❶ 斯塔弗尔比姆. 方案评价的CIPP模式［C］//瞿葆奎. 教育学文集：教育评价. 北京：人民教育出版社，1989：301.

3. 实现评价内容多元化

"德育成功的标志是培育受教育者高度的道德智慧，指向受教育者的人生幸福，这也是德育的目的和归宿。"❶目前德育评价以道德认知为主要内容，片面强调道德知识的掌握。智慧德育在评价方面主张从学生出发，以道德智慧为核心指标，以实现受教育者的人生幸福为目的，评价其在道德实践中的问题处理能力及其幸福感知能力。评价学生的道德水平要考虑多方面因素，不仅要评价道德认知，还要全面评价学生道德情感、道德意志和道德行为等多方面综合素质，评价内容实现多元化。要将德育课程学习与自主德育实践相结合，将学生自评、生生互评与教师评价相结合，将期末考试与平时考核相结合。对学生德育理论学习的评价，既要关注其结果，更要注重过程表现和学习态度，还要重视考核学生理论联系实际、分析问题和解决问题的能力。为了使评价更加客观，学校可以建立学生道德个人档案制度。这样，可以随时地将多元化的评价内容及评价结果记录在册。

4. 重视不同评价方式的结合并用

目前德育评价过于依赖量化评价方式。量化评价主要是涉及道德理论知识评价和学生行为评价（学生行为规范是否达标），这种评价较少涉及学生道德情感、道德意志等内容。量化评价的结果往往是把学生打上"优、良、差"的道德等级标签，这实际上是把人的存在异化为物的存在，是把人视为物和分数的化身来看待与处理的，因而难以引起学生思想道德的真正变化。智慧德育倡导质性德育评价，它尊重学生的主体性，关注学生作为人本身的价值和尊严，重视学生在道德智慧、道德气质和道德习性上的整体发展与提升，主张超越单一量化取向，重视质性德育评价方式的运用。智慧德育理论认为，在评价中不能简单地对学生进行对与错、优与差的定性。它倾向于把评价对象视为一个独特的个体存在，尊重学生个性化的道德理解和道德感受，认为评价必须以尊重学生的个体特质为前提，智慧德育倡导平等关系，

---

❶ 黄富峰. 论道德教育的目的：道德智慧［J］. 聊城大学学报（社会科学版），2006（1）：87.

主张教师通过沟通对话不断构建对学生的道德特性和道德成长需要的理解。在运用质性评价时，智慧德育主张，不预设严格的评价标准框架，而在道德评价过程中根据学生的具体道德实际逐步"生成"更为清晰的评价框架；在评价语言的运用上，要少用优劣好差这种诊断性语言，而更多地采用过程描述或原因解释性的语言，也就是说，不追求确定性的最终结论，而重在揭示受教育者的道德特质和道德成长轨迹。这样的德育评价活动，有助于呵护学生的心灵，使学生感受到关爱和善意，并激发其作为道德主体自觉提升道德修养的热情。从质性视角进行的德育评价活动，展现的是一种德育智慧，它要求教师具有人文主义教育旨趣和深刻的德育意识。当然，智慧德育强调质性评价方式，但并不意味着要完全抛弃量化评价，事实上，质性评价与量化评价二者各有优长，德育量化评价在一些情况下具有质性评价无法企及的优势，如对特定学生群体道德状况和道德特质的总体衡量，离开量化评价将变得异常烦琐。在德育评价实践中，智慧德育需要将量化德育评价与质性德育评价结合并用，最大限度地发挥德育评价的功能。

第七章 结论与展望

一、结论

德育作为一种重要的人类实践活动，其发展与时代的步伐紧紧跟随。在新的历史时期，德育所遭遇的生存困境要求德育进一步实现理论与实践创新。本书立足德育基础理论研究，提出"智慧德育"概念，探讨了智慧德育的提出、基本含义和主要特征，构建了智慧德育的基本理论，分析了智慧德育的当代价值并提出了智慧德育的实施路径，试图以智慧德育理论推动当今德育的改革创新。总结起来，本书主要结论有如下四个方面。

第一，智慧德育应当成为今后我国德育发展的重要方向。德育面对的是人，只有坚持以人为本，满足人的发展需要，才能得到受教育者的接受和认同。我国德育长期存在着政治化、知性德育、规则本位德育等偏颇，在一定程度上疏离了个体的道德成长需要，影响到受教育者的接受效果。在对德育新路向的探寻中，一系列人本化德育理论应运而生，智慧德育同样是德育人本化转向的重要倡导。但智慧德育不同于其他人本化德育模式。智慧德育要求以德育工作者的实践智慧为前提，以智慧性的德育过程为依托，以提升受教育者的道德智慧为旨归，使德育在更大程度上回应个体成长需要，观照人的生存境况和德性发展，促进人的意义和精神世界的建构。智慧德育以提升个体道德智慧为方向，极大地契合了人类对于应然世界、道德境界的追求，能够更好地展现德育的价值。

第二，智慧德育具有现实性与超越性的双重特性，其超越性恰恰彰显了智慧德育的优长。作为智慧德育核心概念的"智慧"，它指涉一种境界，具有含义的模糊性，即冯契先生所谓的"超名言之域"。中国哲学历来就有所谓"道境"（智慧的自由之境）不可言说的传统，但对智慧的研究不是没有可能的。智慧德育以智慧为取向，可以成为一种实存的事实，体现为一种基于历史与现实而指向未来的前瞻性德育模式。智慧德育以提升个体道德智慧为主题，以自由、和谐、圆满为境界追求，是德育不满足于现状而不断趋赴的德育境界追求，凸显了德育的理想性与超越性。而智慧德育的超越性是德育不可缺失的本质。智慧德育勾画了理想的德育蓝图，但它不是可望而不可即的。适应性与超越性理应是德育目标的两翼，因而，智慧德育的超越性是一种必要的"乌托邦"。

第三，智慧德育理论贵在构建，重在实践。智慧德育理论在构建过程中，需要从目标、主体、内容、方法等多方面着手，力求全面而系统。智慧德育理论体系的构建是智慧德育实施的重要前提。在此基础上，智慧德育要通过基本理念的确立、指导原则的树立和一系列具体策略、路径的实施来发挥教育功能。在教育过程中，德育工作者的自身素质和教育实践能力是影响德育效果的关键。智慧德育超越了当下德育流程的规范化、统一化、精确化和程序化设计，奉行"教学有法但无定法"的理念，强调德育是一个动态生成的过程。这要求德育教师具有教育教学机智，善于把握德育过程的情境性特征，具有挥洒自如的教育应变能力，使德育过程超越标准化设计和墨守成规而呈现出活泼灵动的特征。也就是说，智慧德育呼唤着智慧型德育工作者，要求德育工作者具有实践智慧，在德育实践过程中具有创造性的综合教育能力和教育艺术。

第四，智慧德育在当代具有重要的发展价值。其主要表现为三个方面：一是智慧德育能够促进德育改革创新。我国德育长期遗留下社会本位、知识化、规训化等习惯定式，这成为德育进一步发展的瓶颈。智慧德育的提出，意味着对我国德育发展过程中长期遗留的上述问题的突破。它适应了德育人本化的重要趋向，能够更好地引领未来德育的发展走向。二是智慧德育能够推动和谐社会构建。智慧德育能够为和谐社会建设提供协调发展的思维方式和包容开放的精神氛围，有助于化解矛盾，凝聚人心，整合社会关系，从而推动社会主义和谐社会建设。三是智慧德育能够促进人的全面发展。智慧德育以其智慧性的德育内容和充满实践智慧的教育教学过程为依托，有助于更好地提升人才的道德素质。尤其值得一提的是，智慧德育的效果兼济师生双方。在智慧德育下，师生双方都经历着生命世界真善美圆融意识的涌流，呈现出一种生命的舒展状态，表现为师生双方共同成长的愉悦体验，体现为一种生理和心理的双重愉悦感，即人生幸福感。

总之，智慧德育的提出，既是对德育做历史性分析、批判和推导的结果，又是对德育前景的开拓与探索。它将使德育更好地服务于个体发展和社会进步，并有望赢得受教育者的积极认同。

二、主要创新点

本书在全面考察中国德育发展现实和中西方德育思想基础上，试图通过强化智慧德育的价值理念、进行智慧德育的理论建构和实践探讨来推进我国德育的创新发展，为我国德育理论研究添砖加瓦。本书主要创新点如下。

第一，本书从智慧的视野审视德育发展，通过深度剖析德育与智慧二者的辩证关系，指出在二者的交叉点上存在着一个智慧德育研究领域，并提出"德育智慧化是未来德育的重要发展方向"这一观点。

综观目前已有文献，仅有少数文献中明确出现"智慧德育"这一提法。由此可见，目前对智慧德育的理论和应用研究都还处于探索阶段，智慧德育研究尚属比较新的研究领域。本书认为，德育与智慧是辩证统一的。德育的有效实施是教育者智慧的重要标准，而智慧因其内蕴着德性、道德的意涵而需要以德育来促成。当然，智慧不局限于"德性"范畴，它涵容着理智智慧、情感智慧和道德智慧等多个层面。道德与德性是智慧的核心要件。智慧能增进人的德性与道德，同时有助于德育效果的实现。在此基础上，随着德育人本化趋势的发展，智慧德育将成为德育的重要发展方向。在智慧理论与德育理论二者的交叉点上，存在着一个智慧德育研究领域，亟待加强研究。鉴于当下德育重知识传授而轻智慧启迪的缺失，本书认为，

德育智慧化是未来德育的重要发展方向。也正因如此，本书就智慧德育问题加以探讨。

第二，本书创议开展作为新理念和新模式的智慧德育研究，明确界定了智慧德育的概念，并初步构建了智慧德育的理论框架。

鉴于现有德育实践中的知性德育、物化德育和社会本位德育因其疏离个体需要与道德智慧发展而效果欠佳的现实，本书在探寻德育人本化新路向的尝试中，确立了智慧德育的发展趋向。本书对智慧德育进行了概念界定。所谓智慧德育，是一种德育理念和德育模式，是以提升受教育者的道德智慧为基本价值诉求，教育者深谙德育规律、灵活驾驭德育过程，与受教育者共同实现智慧生存的一种德育艺术境界。智慧德育理念要实现向实践的转化，需要一系列中间环节。本书以智慧德育的全面实现为目标，本着提出概念—构建理论—价值分析—实践应用的思路，尝试构建了智慧德育理论框架。在目前智慧德育研究相对匮乏、缺乏明确而严谨的概念界定和系统深入的理论构架这一背景下，这一工作具有开创性，体现了本书的创新性。

第三，本书将冯契的智慧学说引入德育研究，论证了"道德智慧可否达到""道德智慧是否可教"和"德育智慧是否存在"这三个智慧德育的关键性问题，明确提出并论证了"智慧德育是德育的一种可能的境界"这一观点。

智慧德育体现为德育工作者在特定的德育情境中出色地完成德育任务，成功地启迪受教育者道德智慧的教育活动，表现为教师面对特殊教学情境的直觉反应或顿悟。智慧德育能否实现，有三个关键性环节：一是道德智慧可否达到？二是道德智慧可否通过教育来传递，即道德智慧是否可教？三是德育工作者能否拥有德育智慧？而这三个问题归根到底是"智慧是否可能"的问题。本书借鉴了冯契智慧学说关于从"知识"到"智慧"转化，即"转识成智"思想对"智慧是否可能"这一问题的解答，在此基础上明确提出并论证了"智慧德育是德育的一种可能的境界"这一观点。智慧德育凸显了德育的理想性与超越性，是德育不满足于现状而不断趋赴的德育境界追求，但它并不是虚无缥缈的乌托邦；智慧德育是德育的一种可能的境界，其超越性是德育不可缺失的本质。

三、展望

德育是一个重要的理论和实践课题。在社会转型期道德失范、诚信缺失的背景下，德育的社会历史责任不容推卸。本书力求通过"智慧德育"理念来纠正知性德育、物化德育和社会本位德育的偏失，更好地服务于个体道德发展和社会道德进步的需要，使德育彰显其人性关怀和育人魅力，切实解决德育实效性不佳的难题。这是一种有益的尝试和探索。由于研究任务艰巨和笔者能力的限制，本书还具有较大的研究空间，今后需要从以下几方面进一步加强。

第一，关于智慧德育的思想借鉴。尽管智慧德育是一个新的课题，但它不是空中楼阁，它植根于古今中外深厚的文化土壤之中。只有在深厚扎实的文化土壤中才可能开出动人的智慧德育之花。因此，应当从古今中外的思想宝库中深入挖掘智慧德育的思想理论资源，并进行充分借鉴。为此，本书从中国和西方两方面论述了智慧德育的思想借鉴问题。但是，本书对智慧德育的国内外思想借鉴还显得不够具体和深入。具体表现为：在中国智慧德育相关思想借鉴方面，本书对中国传统德育智慧相关思想的论述比较具体，但是对现当代智慧德育的相关思想资源的挖掘还有所不足。冯契先生的智慧学说对本书写作具有重要的借鉴价值，但本书对冯契智慧学说的把握还没有达到融会贯通的程度，在论述中融入得还不够。在国外研究的理论借鉴方面即对西方智慧德育相关思想借鉴方面，由于文献资料收集和笔者外文阅读能力等方面原因，尤其显得薄弱。

第二，关于智慧德育的理念阐释。智慧德育是一种德育新理念。而对德育理念问题进行透彻入理的分析和论证，必然要求上升至哲学视野的高度。就智慧德育理念来说，其确立和弘扬需要在一些根基性理论问题上下足力气，这也需要将研究进一步深入德育哲学和道德哲学的领域之中。如关于智慧德育的正当性探讨，就必然涉及德育的价值论问题，即德育的价值取向、价值功能和价值评价等诸方面问题。关于道德智慧问题的研究也与道德哲学紧密联系。在这方面，本书仍显得不足，今后需要进一步努力。

第三，关于智慧德育的理论建构。智慧德育研究是一个比较新的课题，具有一定的开创性。智慧德育理论大厦的总体蓝图及具体的砖砖瓦瓦都需要仔细考量和精心选择。在研究过程中，笔者深切地感受到研究课题的复杂性、艰巨性及完美构建智慧德育理论的困难性。这一研究对于笔者来说，可谓一种大胆的尝试。由于所掌握知识的有限性，在智慧德育理论建构过程中，在一些问题的研究上尚有欠缺。例如，对智慧德育过程的论述还比较粗浅，智慧德育没有观照师生双向主体，未能从主体间性角度来进行具体的理论构建，对发挥学生在智慧德育中的主体性作用还缺乏具体论述。

第四，关于道德智慧和实践智慧的理论研究。道德智慧和实践智慧均为本研究的重要关键词。智慧德育以提升个体的道德智慧为己任，道德智慧研究是智慧德育理论研究的重要组成部分。本书对于道德智慧进行了探讨，但对道德智慧的生成机制还缺乏深入研究。智慧德育在本质上是一种实践智慧，关于实践智慧的研究可以为智慧德育提供重要启发。本书对实践智慧有一定论述，但理论挖掘及其与德育的结合还略显薄弱。

总之，本书对于智慧德育的论证和建构只是初步的、探索性的。未来，我国德育理论研究的人本化趋向仍是主要的发展方向，智慧德育研究仍然具有广阔的探索空间。上述研究不足也将是笔者继续努力的方向。

参考文献

一、马克思主义经典著作和党史文献

[1]马克思恩格斯选集：第1–2卷［M］.北京：人民出版社，1995.

[2]马克思，恩格斯.共产党宣言［M］.北京：人民出版社，1997.

[3]列宁选集：第1–4卷［M］.北京：人民出版社，1995.

[4]毛泽东选集：第1–4卷［M］.北京：人民出版社，1991.

[5]毛泽东著作选读［M］.北京：人民出版社，1986.

[6]中共中央文献研究室.建国以来毛泽东文稿：第4册［M］.北京：中央文献出版社，1990.

[7]邓小平文选：第1–2卷［M］.北京：人民出版社，1994.

[8]邓小平文选：第3卷［M］.北京：人民出版社，1993.

[9]毛泽东邓小平江泽民论教育［M］.北京：中央文献出版社，人民教育出版社，北京师范大学出版社，2002.

[10]江泽民.论"三个代表"［M］.北京：中央文献出版社，2001.

[11]中共中央文献研究室.十六大以来重要文献选编（上）［M］.北京：中央文献出版社，2005.

[12]中共中央文献研究室.十六大以来重要文献选编（中）［M］.北京：中央文献出版社，2006.

[13]中共中央文献研究室.十六大以来重要文献选编（下）［M］.北京：中央文献出版社，2008.

［14］中共中央文献研究室. 十七大以来重要文献选编（上）［M］. 北京：中央文献出版社，2009.

［15］中共中央文献研究室. 十七大以来重要文献选编（中）［M］. 北京：中央文献出版社，2011.

［16］中共中央文献研究室. 十七大以来重要文献选编（下）［M］. 北京：中央文献出版社，2013.

［17］习近平谈治国理政：第1卷［M］. 北京：外文出版社，2018.

［18］习近平谈治国理政：第2卷［M］. 北京：外文出版社，2017.

［19］习近平关于社会主义文化建设论述摘编［M］. 北京：中央文献出版社，2017.

二、国内专著

［1］张澍军. 德育哲学引论［M］. 北京：中国社会科学出版社，2008.

［2］檀传宝. 德育原理［M］. 北京：北京师范大学出版社，2007.

［3］鲁杰. 当代德育基本理论探讨［M］. 南京：江苏教育出版社，2010.

［4］鲁洁. 道德教育的当代论域［M］. 北京：人民出版社，2005.

［5］鲁杰. 德育社会学［M］. 福州：福建教育出版社，1998.

［6］冯文全. 道德教育原理［M］. 北京：北京师范大学出版社，2013.

［7］陆有铨. 皮亚杰理论与道德教育［M］. 北京：北京大学出版社，2012.

［8］孙有中. 美国精神的象征——杜威社会思想研究［M］. 上海：上海人民出版社，2002.

［9］金生鈜. 教育与正义——教育正义的哲学想象［M］. 福州：福建教育出版社，2012.

［10］吴俊生. 教育哲学大纲［M］. 上海：商务印书馆，1943.

［11］沈壮海，佘双好，等. 学校德育问题研究［M］. 郑州：大象出版社，2010.

［12］张世欣. 中国古代思想道德教育史［M］. 杭州：浙江大学出版社，2010.

［13］范树成. 当代学校德育范式转换与走向研究［M］. 北京：人民出版社，2011.

［14］李合亮. 解析与建构：当代中国思想政治教育的哲学反思［M］. 北京：人民出版社，2010.

［15］田鹏颖，赵美艳. 思想政治教育哲学［M］. 北京：光明日报出版社，2010.

［16］刘丽琼. 思想政治理论课教学接受论［M］. 北京：人民出版社，2009.

［17］罗国杰. 伦理学［M］. 北京：人民出版社，2014.

［18］杨国荣. 伦理与存在——道德哲学研究［M］. 上海：华东师范大学出版社，2009.

［19］王国银. 德性伦理研究［M］. 长春：吉林人民出版社，2006.

［20］肖群忠. 中国道德智慧十五讲［M］. 北京：北京大学出版社，2008.

［21］冯契. 认识世界和认识自己（冯契文集第一卷）［M］. 上海：华东师范大学出版社，1996.

［22］冯契. 逻辑思维的辩证法（冯契文集第二卷）［M］. 上海：华东师范大学出版社，1996.

［23］冯契. 人的自由和真善美（冯契文集第三卷）［M］. 上海：华东师范大学出版社，1996.

［24］冯契. 智慧的探索（冯契文集第八卷）［M］. 上海：华东师范大学出版社，1997.

［25］冯契. 智慧的探索·补编（冯契文集第九卷）［M］. 上海：华东师范大学出版社，1998.

［26］王向清，李伏清. 冯契"智慧"说探析［M］. 北京：人民出版社，2012.

［27］金岳霖. 金岳霖文集：第2卷［M］. 兰州：甘肃人民出版社，1995.

［28］陈晓龙. 知识与智慧——金岳霖哲学研究［M］. 北京：高等教育出版社，1997.

［29］徐长福. 走向实践智慧——探寻实践哲学的新进路［M］. 北京：社会科学文献出版社，2008.

［30］邓友超. 教师实践智慧及其养成［M］. 北京：教育科学出版社，2007.

［31］刁培萼，吴也显，等. 智慧型教师素质探新［M］. 北京：教育科学出版社，2005.

［32］王枬. 智慧型教师的诞生［M］. 北京：教育科学出版社，2006.

［33］吴安春. 回归道德智慧：转型期的道德教育与教师［M］. 北京：教育科学出版社，2004.

［34］叶澜，白益民，王枬，等. 教师角色与教师发展新探［M］. 北京：教育科学出版社，2001.

［35］高伟. 回归智慧，回归生活——教师教育哲学研究［M］. 北京：教育科学出版社，2010.

［36］刘晓明，李向东. 教师道德智慧［M］. 长春：东北师范大学出版社，2011.

［37］许桂清. 美国道德教育理念研究［M］. 北京：中国社会科学出版社，2008.

［38］李佑新. 走出现代性道德困境［M］. 北京：人民出版社，2006.

［39］黑晓佛. 回归生命　走向生活——当代道德教育的精神品格与价值自觉［M］. 北京：人民出版社，2012.

［40］李伟言. 重塑我们的道德生活——当代德育价值取向转型的理论研究［M］. 北京：北京师范大学出版社，2012.

［41］高德胜. 知性德育及其超越——现代德育困境研究［M］. 北京：教育科学出版社，2003.

［42］刘丙元. 当代道德教育的价值危机与真实回归［M］. 北京：北京师范大学出版社，2012.

［43］戴岳. 道德自我的德育价值研究［M］. 北京：北京师范大学出版社，2013.

［44］苏静. 被关怀者道德品质的培育［M］. 杭州：浙江教育出版社，2009.

［45］刘儒德，等. 教育中的心理效应［M］. 上海：华东师范大学出版社，2006.

［46］班华. 现代德育论［M］. 合肥：安徽人民出版社，2014.

［47］刘献君. 大学德育论［M］. 武汉：华中科技大学出版社，1996.

［48］曹颖. 德育职能论［M］. 北京：中国社会科学出版社，2010.

［49］赵志军. 德育管理论［M］. 北京：中国社会科学出版社，2008.

［50］王立仁. 德育价值论［M］. 北京：中国社会科学出版社，2004.

［51］黄富峰. 德育思维论［M］. 北京：人民出版社，2006.

［52］朱小蔓. 情感德育论［M］北京：人民教育出版社，2005.

［53］刘慧. 生命德育论［M］. 北京：人民教育出版社，2005.

［54］侯晶晶. 关怀德育论［M］. 北京：人民教育出版社，2005.

［55］高德胜. 生活德育论［M］. 北京：人民出版社，2005.

［56］金雁，杨柳. 和谐德育论［M］. 北京：中国社会科学出版社，2008.

［57］冯铁山. 诗意德育论［M］. 北京：中国社会科学出版社，2012.

［58］薛晓阳. 希望德育论［M］. 北京：人民教育出版社，2003.

［59］彭未名. 交往德育论［M］. 太原：山西教育出版社，2010.

［60］方明. 缄默知识论［M］. 合肥：安徽教育出版社，2004.

［61］袁本新，王丽荣. 人本德育论［M］. 北京：人民教育出版社，2007.

［62］王仕杰. 需要德育论［M］. 武汉：湖北人民出版社，2010.

［63］陈志兴. 理解德育论［M］. 北京：中国社会科学出版社，2013.

［64］梁漱溟. 人生的三路向：宗教、道德与人生［M］. 北京：当代中国出版社，2010.

［65］茅于轼. 中国人的道德前景［M］. 广州：暨南出版社，2008.

三、国外专著

［1］亚里士多德. 尼各马科伦理学［M］. 北京：中国社会科学出版社，1999.

［2］亚里士多德. 灵魂论及其他［M］. 北京：商务印书馆，1999.

［3］苏霍姆林斯基. 给教师的建议［M］. 北京：教育科学出版社，1984.

［4］内尔·诺丁斯. 幸福与教育［M］. 北京：教育科学出版社，2009.

［5］麦金太尔. 德性之后［M］. 北京：中国社会科学出版社，1997.

［6］马斯洛. 人的潜能与价值［M］. 北京：华夏出版社，1987.

［7］杜威. 道德教育原理［M］. 杭州：浙江教育出版社，2003.

［8］马克斯·范梅南. 生活体验研究——人文科学视野中的教育学［M］. 北京：教育科学出版社，2003.

［9］马克斯·范梅南. 教学机智——教育智慧的意蕴［M］. 北京：教育科学出版社，2001.

［10］怀特海. 教育的目的［M］. 北京：生活·读书·新知三联书店，2002.

［11］洛克. 教育漫话［M］. 北京：教育科学出版社，1999.

［12］以赛亚·伯林. 扭曲的人性之材［M］. 南京：译林出版社，2009.

［13］爱弥尔·涂尔干. 道德教育［M］. 上海：上海人民出版社，2001.

［14］卢梭. 爱弥儿［M］. 北京：商务印书馆，1978.

［15］保尔·朗格朗. 终身教育引论［M］. 北京：中国对外翻译出版公司，1985.

［16］孙志文. 现代人的焦虑和希望［M］. 北京：生活·读书·新知三联书店，1994.

［17］康德. 道德形而上学原理［M］. 上海：上海人民出版社，1986.

四、期刊类文献

［1］檀传宝. 德育形态的历史演进与现实价值［J］. 教育研究，2014（6）.

［2］杜时忠，孙银光，程红艳. 德育研究70年：回顾与前瞻［J］. 教育研究，2019（10）.

［3］叶飞. 德育理论的中国探索与转型之路（1949—2019）［J］. 南京师大学报（社会科学版），2019（7）.

［4］张澍军. 试论德育功能的意识形态性和非意识形态性［J］. 长白学刊，2005（1）.

［5］李杨，李康平. 习近平德育思想探究［J］. 思想理论教育导刊，2018（4）.

［6］张警. 社会转型期道德失范和重建探析［J］. 改革与开放，2011（10）.

［7］黄富峰. 道德思维在道德教育中的地位和作用［J］. 中国德育，2008（8）.

［8］黄富峰，张春荣. 论道德教育的目的：道德智慧［J］. 聊城大学学报（社会科学版），2006（1）.

［9］冯仰生. 国外高校德育地位、目标与实施途径研究［J］. 江苏高教，2019（10）.

［10］曹辉，李茹莹. 捍卫受教育者的"消极自由"——以赛亚·柏林的价值多元主义教育观及其实现［J］. 教育学术月刊，2017（4）.

［11］袁晓萍，李晓华. 高校德育：把生命点亮的教育［J］. 江苏高教，2018（2）.

［12］李杨，李康平. 习近平德育思想探究［J］. 思想理论教育导刊，2018（4）.

［13］许锋华，杜时忠. 从"道德人"到"经济人"——关于德育实效问题的根源探讨与视角转换分析［J］. 教育理论与实践，2006（11）.

［14］赵培举. 加强师德师风建设　培养高素质教师队伍［J］. 中国高等教育，2013（Z2）.

［15］李大健. 人性化　动态化　多元化——高校德育评价体系改革研究［J］. 中国大学教学，2007（11）.

［16］熊筱晶，严运楼. 高校知性德育模式创新研究［J］. 学校党建与思想教育，2014（17）.

［17］林宁. 从知性德育到生活德育的转化［J］. 青海民族大学学报（教育科学版），2011（4）.

［18］李申申. 中西方德育思想比较概论［J］. 河南大学学报（社会科学版），1994（5）.

［19］易连云，李琰. 试析德育回归生活的价值选择［J］. 中国教育学刊，2013（5）.

［20］陈鹤玲. 德性伦理与智慧实践——兼论亚里士多德的道德哲学及其当代启示［J］. 海南大学学报（人文社会科学版），2017（2）.

［21］王中江. "成就自身"的智慧：儒家的道德自主性和自我反思［J］. 齐鲁学刊，2019（6）.

［22］孙慧玲. 荀子的荣辱观及其现代启示［J］. 理论探索，2007（1）.

［23］冯契. 智慧的探索［J］. 学术月刊，1995（6）.

［24］王向清，张梦飞. 冯契的"转识成智"学说及其理论意义［J］. 湘潭大学学报（哲学社会科学版），2010（2）.

［25］刘峰．德性的复归与出路——麦金太尔德性视域中的亚里士多德［J］．甘肃理论学刊，2010（5）．

［26］高峰．苏霍姆林斯基教育思想与幸福教育［J］．比较教育研究，2010（3）．

［27］田慧生．时代呼唤教育智慧及智慧型教师［J］．教育研究，2005（2）．

［28］陈云恺．智慧型教师与教师类型转换［J］．上海教育科研，2003（9）．

［29］靖国平．教育智慧伦理：教师职业道德的新境界［J］．上海师范大学学报（哲学社会科学版），2015（1）．

［30］靖国平．论教育的知识性格和智慧性格［J］．教育理论与实践，2003（19）．

［31］叶澜．新世纪教师专业素质初探［J］．教育研究与实验，1998（1）．

［32］何志红．课堂德育：课堂上的道德缺失与建构［J］．教育理论与实践，2017（34）．

［33］张瑞敏．德育人文关怀的追寻、失落与建构［J］．当代青年研究，2017（9）．

［34］常虎温．教学反思刍议［J］．教育理论与实践，2016（11）．

［35］余文森．教学理论与教学实践的层级和关系［J］．中国教育学刊，2010（9）．

［36］吴爱春．发挥教学机智，处理突发事件［J］．教育与探索，2003（11）．

［37］谢泽源，卢敏．教师教学实践智慧及其培养策略［J］．江西教育科研，2006（10）．

［38］孙荔．哲学视域下的中国道德智慧［J］．河南社会科学，2018（8）．

［39］吴安春．论道德智慧的四重形态［J］．教育科学，2005（2）．

［40］梁爱蕴．道德智慧：德性的标尺［J］．理论与改革，2012（1）．

［41］曹树．道德智慧生成：高校德育的主题［J］．江苏高教，2006（1）．

［42］曹树．道德智慧生成的路径探究［J］．中小学教师培训，2005（10）．

［43］刘吉林．试析教育智慧的生成特性及生成的内在条件［J］．课程·教材·教法，2009（9）．

［44］李建华，覃青必．论道德自由境界［J］．道德与文明，2008（2）．

［45］刘锦鑫．智慧德育：互联网思维下高校思政工作的转型与发展［J］．学校党建与思想教育，2016（21）．

［46］张雷．论网络政治谣言及其社会控制［J］．政治学研究，2007（2）．

［47］蓝江．新时代网络空间道德建设刍议［J］．思想理论教育，2020（1）．

［48］赵建波，余玉花．诚信：市场经济信用问题治理的伦理基石［J］．大连理工大学学报（社会科学版），2020（1）．

［49］俞世燕．智慧德育：有效德育的追求［J］．教学与管理，2010（10）．

［50］齐俊斌，陈艳．道德智慧的培养：高校德育的着力点［J］．中国青年研究，2007（5）．

［51］张茂聪．道德智慧：生命的激扬与飞跃［J］．教育研究，2005（11）．

［52］马璐．道德行为发生的演进规律及实践突破［J］．中国教育学刊，2017（8）．

［53］袁尚会．大中小学德育目标建构的反思与改进［J］．学校党建与思想教育，2019（19）．

［54］赵野田．价值澄清理论的合理性与局限性探析［J］．外国教育研究，2010（8）．

［55］叶飞．道德生活的"四重"建构——论生活德育的生活根基的拓展［J］．江苏高教，2013（4）．

［56］叶飞．关注幸福：道德教育的新目的论视角［J］．湖南师范大学教育科学学报，2008（1）．

［57］王晓丽．人学观视阈下德育范式发展探析［J］．理论与现代化，2013（1）．

［58］冯文全．学校德育目标的分层研究［J］．教师教育研究，2004（6）．

［59］杨翠娥．论教师的道德智慧［J］．教育探索，2009（9）．

［60］孙荔．道德智慧视域下道德情感的发生机制［J］．河南大学学报（社会科学版），2019（4）．

［61］赵平，崔东方．伦理美及其培育［J］．伦理学研究，2018（6）．

［62］许世平．生命教育及层次分析［J］．中国教育学刊，2002（4）．

［63］秦东兴．体验活动：日本中小学生"生存能力"培养的有效途径［J］．比较教育研究，2017（11）．

［64］郝书翠．习近平关于人生观重要论述的四重向度［J］．山东师范大学学报（人文社会科学版），2019（4）．

［65］李嘉美．大学生幸福观教育研究［J］．吉首大学学报（社会科学版），2013（2）．

［66］韩小荣．论高校环境教育的实施［J］．黑龙江高教研究，2004（7）．

［67］吕途，杨贺男．马克思、恩格斯生态经济思想及其对生态环境法治观的启示［J］．企业经济，2011（9）．

［68］周芳，张丽娜．高校思想政治理论课教学中的生态审美及其实现［J］．学校党建与思想教育，2019（21）．

［69］高文．情境学习与情境认知［J］．教育发展研究，2001（8）．

［70］牛涛．基于情境创设的德育互动教学实践［J］．教育参考，2015（3）．

［71］包毅. 德育情境教学模拟实验：内涵、理论基础及其建构［J］. 现代教育科学，2012（7）.

［72］寇翔. 论高校体验式德育［J］. 学校党建与思想教育，2010（3）.

［73］王攀峰. 走向生活体验的教育研究［J］. 江西教育科研，2003（8）.

［74］张鸿燕. 体验式：高校德育有效路径之新探［J］. 首都师范大学学报（社会科学版），2010（1）.

［75］李瑞奇，张澍军. 基于审美向度的德育享用功能再论［J］. 广西社会科学，2018（6）.

［76］孙乃龙. "和谐社会"的主体理想性和现实性意蕴［J］. 重庆社会科学，2018（5）.

［77］苏承英. 和谐思维：构建和谐社会的思维基础［J］. 毛泽东思想研究，2006（5）.

［78］冯铁山. 诗意德育的多向度价值取向［J］. 教育理论与实践，2011（10）.

［79］张兆芹，庞春敏. 教师职业幸福感及其提升策略［J］. 教学与管理，2012（4）.

［80］陈鹏. 对当今中国主体意识群体的分析［J］. 毛泽东邓小平理论研究，2018（4）.

［81］曹应旺. 毛泽东是怎样处理个性共性关系的——以抗日战争视角观察［J］. 湖南科技大学学报（社会科学版），2015（6）.

［82］张中文. 现实与超越——人的生存有限性超越模式［J］. 内蒙古社会科学（汉文版），2012（3）.

［83］石书臣. 正确处理好"课程思政"与思政课程的关系［J］. 思想理论教育，2018（11）.

［84］高文苗. 构建家庭、学校与社会联动的德育体系［J］. 人民论坛，2019（6）.

［85］张伟. 德育为何？德育何为——社会变迁视野下的德育危机及其走向研究［J］. 湖南师范大学教育科学学报，2016（1）.

［86］刘晓颖. 手机新媒体对中职学生德育的影响研究［J］. 教育现代化，2019（23）.

［87］吴捷. 试论德育过程的特点及其优化［J］. 徐州教育学院学报，2003（3）.

［88］李辉，王奥. 现代高校德育环境生活化的基本向度［J］. 学校党建与思想教育，2009（22）.

［89］欧阳鹏，胡弼成. 家庭德育：为人一生的发展奠基［J］. 大学教育科学，2018（4）.

［90］邓国峰. 网络德育在校园网虚拟社区上的操作化应用范例研究［J］. 学术论坛，2009（8）.

［91］余安安. 残缺美的美学分析与文化探源［J］. 中华文化论坛，2015（1）.

［92］栗嘉忻，娄淑华. 新时代高校德育与美育协同发展的价值内涵与实践路径［J］. 思想理论教育导刊，2019（5）.

［93］周小李. 改革开放 40 年德育本质研究回望［J］. 高等教育研究，2018（10）.

［94］宋燕萍. 学校德育的功利化现象及其消解［J］. 教育理论与实践，2018（9）.

五、博士、硕士学位论文

［1］姜浩. 智慧德育研究［D］. 河北：河北师范大学，2018.

［2］陈飞虎. 大学教育智慧［D］. 长沙：湖南师范大学，2011.

［3］卢艳红. 论关注意义的道德教育［D］. 东北师范大学，2008.

［4］李洪昌. 思想政治教师实践智慧问题及对策研究［D］. 长春：东北师范大学，2013.

［5］曹正善. 教育智慧理解论［D］. 上海：华东师范大学，2006.

［6］孙峰. 当代中国德育价值观的变革［D］. 西安：陕西师范大学，2010.

［7］高恒天. 道德与人的幸福［D］. 上海：复旦大学，2003.

［8］李悦宁. 论课堂教学中的“转识成智”［D］. 锦州：渤海大学，2016.

后　记

　　时光荏苒。在 2020 年新春佳节已过、新学期即将开学之际，这部书稿终于艰难地落下了最后一笔。

　　2020 年注定是一个不寻常的年份。这一年，中国人盼望已久的全面小康社会将迎来最后的决战。而就在这个春天，中国经历了前所未有的新型冠状病毒肺炎疫情。一个个鲜活的生命在这场疫情中枯萎，与此同时，一个个与疫情顽强抗争的故事感人至深。在这场抗疫的伟大斗争中，全民万众一心、众志成城，创造了一系列举世瞩目的中国奇迹。在病毒带来的阴霾下，中国人用勇气和奋斗撑起了一片蔚蓝的天空。

　　在这段难忘的日子里，我的神经一次次被不断刷新的病患数字所牵动，与此同时，无数可歌可泣的故事令我的眼中常常噙满泪水。我想，如我一样"手无寸铁"的普通人，对抗疫前线那些将健康与生命置身事外的逆行者们最好的馈赠，莫过于在力所能及的条件下将自己的本职工作做好。于是，我把尘封已久的书稿拿出，开始了校对与修改。

　　我关于智慧德育的思考，由来已久，早在 2014 年就关注到这个选题。在此期间，得到了大连理工大学洪晓楠教授的肯定和鼓励，初步确定了这一研究方向。但惭愧的是，研究开启后，没能够一鼓作气，在几年间时断时续。2014 年 7 月，婆婆过世，我和爱人把公公从遥远的哈尔滨接到身边，开始了共同生活的全新模式；2014 年 9 月，儿子实现了从幼儿园到小学的跨越。此后，柴米油盐、作业辅导等生活琐事陡然增加。再加上一直繁重的教学工作及日常其他科研教研工作，一时间，对于我而言，专注地开展某个专题研究已经成为一种奢侈。对智慧德育的思考一次次开启，又一次次中止，书稿也在时断时续中艰难前行。数不清的日日夜夜，我的内心经历着煎熬，为那些无法及时梳理的纷飞思绪，也为因无法一气呵成而显得支离破碎的理论篇章。就在这种煎熬和时断时续中，书稿逐步显露雏形。而今，利用这个只能蹲守在家的假期，我鼓足勇气，重新将这一研究拾起，力求对这一段难得的探索有所交代。而当我再度查阅文献时，无意中发现河北师范大学的姜浩以《智慧德育研究》为题的博士学位论文——自己竟然与姜浩博士在一些想法上不谋而合。我倍感欣喜，因为这也从一个侧面印证了智慧德育是值得加强研究的重要选题。我希望自己的研究能够在德育理论探索上增加一份助力，也期待着更多学者加入对智慧德育的探索。

本书凝结了我的研究心得，也参考了很多专家学者的研究成果。在写作过程中，大连理工大学洪晓楠教授从写作思路到理论架构，都高屋建瓴地提出了许多宝贵的意见和建议。同时，还有很多其他的领导、同事、同学也对本书写作给予了帮助。这让我受益匪浅，不胜感激。特别需要提及的是，知识产权出版社编辑李海波老师为本书顺利出版付出了大量辛勤的劳动。谨在此一并表示衷心的感谢！

王晶梅

2020 年 2 月 12 日

于辽宁大连